JN238575

「プロの味を家庭で」をモットーに作られる成城石井の総菜。すべてプロの料理人が手作りしつつ、「家庭の味」を感じられることも大切にしている。

自家製のパン（左）とスコーン（右）。自社工場「セントラルキッチン」でマーガリンを使用せず、バターを使って焼いている。

1日に4,000個売れるプレミアムチーズケーキ。機械を使わず、1つひとつ手作りしている。常温で保存できる点も人気だ。

バイヤーが日本中、世界中を飛び回り、本当に良いものを仕入れる。
品揃えの豊富さ、高品質の商品が成城石井の売り。

「どんな場所にも出店できる」のが成城石井の強み。エキナカなど
スーパーマーケットの出店は不可能とされる限られたスペースでも、
一般的なスーパーよりも多い品揃えを可能にする。

「顧客とのコミュニケーション」を重視する成城石井。
豊富な商品知識を持つ店員も多く、「お客様の期待に応えたい」という企業姿勢に共感し、20年、30年勤めている人もたくさんいる。

接客、サービス力向上のための研修など、
さまざまな仕組みが整えられている。

# 成城石井はなぜ安くないのに選ばれるのか？

Why is Seijo Ishii selling high-priced products chosen by consumers?

上阪 徹

あさ出版

はじめに

# 成城石井は、なぜこれほどに支持されるのか？

都内屈指の高級住宅街と評される世田谷区成城。作家、画家、音楽家、俳優、タレント、経営者……。数多くの著名人たちが、この地に居を構えていることはよく知られる。瀟洒《しょうしゃ》な邸宅は、この街の象徴のひとつ、といえるかもしれない。

そしてもうひとつ、この地の象徴的な存在、さらに成城の名を全国に知らしめた存在といえば、この名前を挙げることができるだろう。成城に古くから暮らす人たちの間では〝石井さん〟と呼ばれる、駅の目の前にある老舗スーパーマーケット、成城石井である。

この文章を書いている私は、縁あって二〇〇三年から、成城に暮らしている。この地に仕事場を持っている作家に取材をする機会があり、街を一目で気に入ってしまったのである。

生活を始めるにあたり、成城で真っ先に入ることになった店。それが、成城石井だった。ビジネス関連のライターという仕事柄、いろいろな業界にアンテナを張っている。流通業界について書く仕事をしていた時期もあり、成城石井の名前は当然、知っていた。

高級住宅街に暮らす人たちが日常的に利用する老舗スーパー。高級品や輸入品を扱い、他の街のスーパーとはちょっと違う品揃えになっている店。おそらく内装なども手の込んだ高級な作りになっているに違いない……。そんなイメージを持っていた。

ところが、初めて店に足を踏み入れてみて、私は驚いてしまった。イメージとまるで違ったからだ。外国にあるような美しい陳列がされているわけではない。照明にこだわっているわけでもない。店内は清潔ではあるけれど、特に高級感を感じることはなかった。

「なんだ、普通のスーパーじゃないか」

正直、これがパッと見たときの印象だったのである。お恥ずかしいことだが、食料品などの買い物は妻に任せ、基本的に同行することのない私は、それきりほとんど成城石井に足を運ぶ機会はなくなってしまった。

その後、成城石井が店舗を拡大していることは知っていた。エキナカに出店していたり、商業施設の中にあったり。そのブランド力を活かし、出店を加速しているものだとばかり思っていた。

印象が大きく変わったのは、最寄り駅の成城学園前駅が大規模リニューアルをして駅ビルになったときである。かつては成城石井の目と鼻の先にあった鉄道系列の店舗やテナントも、それまでのものよりも、はるかにグレードアップしてリニューアルされた。

近隣では、〝成城石井を意識したのではないか〟とも、ささやかれていたらしい。たしかに、新しくできた店は、高級感あふれる店舗になっていた。これでは、さしもの成城石井も大きな打撃を受けるのではないか、と想像できた。

こうなると、俄然、興味が出てきてしまうのは、職業柄かもしれない。二つの店を比較して観察してみようと考えた。

そしてわかったのが、私の見る限り、成城石井の人の入りは、まったくといっていいほど変わらなかったことだった。目の前に高級感を意識した新しい店ができても、成城石井は、びくともしなかったのである。

以降、少し離れた幹線道路沿いに高級スーパーができても、もっと近くに商社系列のスーパーができても、成城石井にはまったく関係がなかったようだ。幹線道路沿いの高級スーパーはあっさり撤退に追い込まれてしまった。

いったい、成城石井というのは何が違うのか。どこにその人気の秘密があるのか。いつか調べてみたいと思っていた。


そんな私と同じような思いを持っていた編集者からメールがやってきたのは、二〇一三年のことである。

その編集者は、渋谷区の店舗で成城石井を日常的に使うようになったという。食への関心の高い彼は、その過程で、成城石井が単なるスーパーではないことにすぐに気づいたらしい。しかも、高級スーパーと呼ばれるスーパーがほとんど新たな出店などしない中、成城石井は出店が続いていたことも知っていた。このスーパーは何が違うのか。どこにその人気の秘密があるのか。私と同じような疑問を持つに至っていたのだ。

こうして、成城石井の全面協力のもと、人気の秘密を解き明かすという本企画がスタートすることになった。


実は私が真っ先に話を聞いてみたのは、毎日のように買い物に出掛けていた妻とその友人たちだったのだが、成城石井に対する評価は私の想像をはるかに超えて高かった。こんな声が次々に入ってきたのだ。

「成城石井でお肉を買っていると、もう他の店では買えない。そもそも、子どもたちが成城石井のお肉以外、食べてくれない」

「ちょっと変わったものが食べたいな、おいしい調味料や食材が欲しいな、と思うと必ず成城石井に行く。そうすれば、間違いなく何か面白いものが手に入る」

「総菜のレベルが他のスーパーとはまるで違う。置いてあるものがまったく違うし、味もびっくりするくらい本格的」

「とにかくレジが速い。ほとんど並ばなくて済む。店の人が袋に入れてくれるのが、丁寧でものすごく上手」

「サービスレベルが違う。感じがいい。何でも聞けばすぐに教えてくれる。従業員が丁寧だし、商品に詳しい。主人はワインを成城石井でしか買わない」

同時に私は、すでに我が家の食卓にも成城石井のおいしいものがたくさん並んでいたことに初めて気づかされ、妻に叱られることになる。

成城石井に対する取材が始まり、私は本当に驚くことになった。どうして成城に暮らす人が成城石井に買い物に行っていたのか、その理由が次々とわかったからだ。

さらに私が初めて店を訪れたときの疑問も解消した。どうして、こんなにも質素な店舗なのか。端的にいえば、成城石井は、見てくれを高級にするようなことにはまったく関心を持っていなかったのである。それよりも、おいしいものを仕入れ、手頃な値段で提供することにこそ、何よりもこだわっているスーパーだったのだ。

取材では、あらゆる質問について、ほぼ明確な理由を答えてもらうことができた。尋ねると、そこには必ず答えがあった。このスーパーは、すべてに理由がある、と感じた。これもまた、驚きだった。

本書は七章仕立てで、関係者への取材によって、成城石井がなぜこれほどまでに多くの人の支持を得ているのか、解き明かしていく。

第1章では、商品に対するこだわりについて語る。どうして、成城石井がそうなったのか、についても解説する。

第2章では、商品力と並び成城石井の大きな強みとなっている接客をはじめとしたサービスについて書く。

第3章は、独自の品揃えはなぜ可能になるのか、そのバイイングパワーと、オリジナル商品と呼ばれるプライベートブランド商品、さらにはセントラルキッチンと呼ばれる自社で持っている総菜工場について解説する。

第4章では、成城石井の経営がどのように行われているのか、について語る。日常の戦略構築から、出店戦略までを聞いた。

第5章では、成城石井にとって大きな転機となった、二〇〇四年の買収劇について考察する。この出来事が、実は後の成城石井の躍進の大きな鍵を握っていた。

第6章では、どのように人材を育成しているのか。アルバイト、パートも含めた人事戦略や人材教育について触れる。

そして最終章の第7章では、高級スーパーとは呼ばれたくないという成城石井の成功の本質と課題、新しい挑戦について語る。

七つの角度から、多くの消費者に支持されている成城石井について探っていきたい。今、急激な成長が始まっている成城石井の考え方は、まったくの異業種の方にも、これからのビジネス世界を生き抜いていくための、多くの示唆が得られると思う。

# 第1章

## 熱狂的に支持されるスーパー「商品へのこだわり」

## 第2章

# お客様主義で「基本」を大切にする「サービスへのこだわり」

# 第3章

## なぜ、独自の品揃えができるのか
## 「強い購買とセントラルキッチン」

## 第4章

# どんな場所にも出店できるスーパー「経営と店舗開発」

## 第5章

# 転機となった買収
## 「事業への思いと誇り」

第6章

# 人が店を作っている自覚

## 「人材教育へのこだわり」

## 第7章

# “高級スーパー”と呼ばれたくない
## 「成功の本質と挑戦」

# 第1章
# 熱狂的に支持されるスーパー

## 「商品へのこだわり」

### ソーセージ
成城石井のこだわり商品①

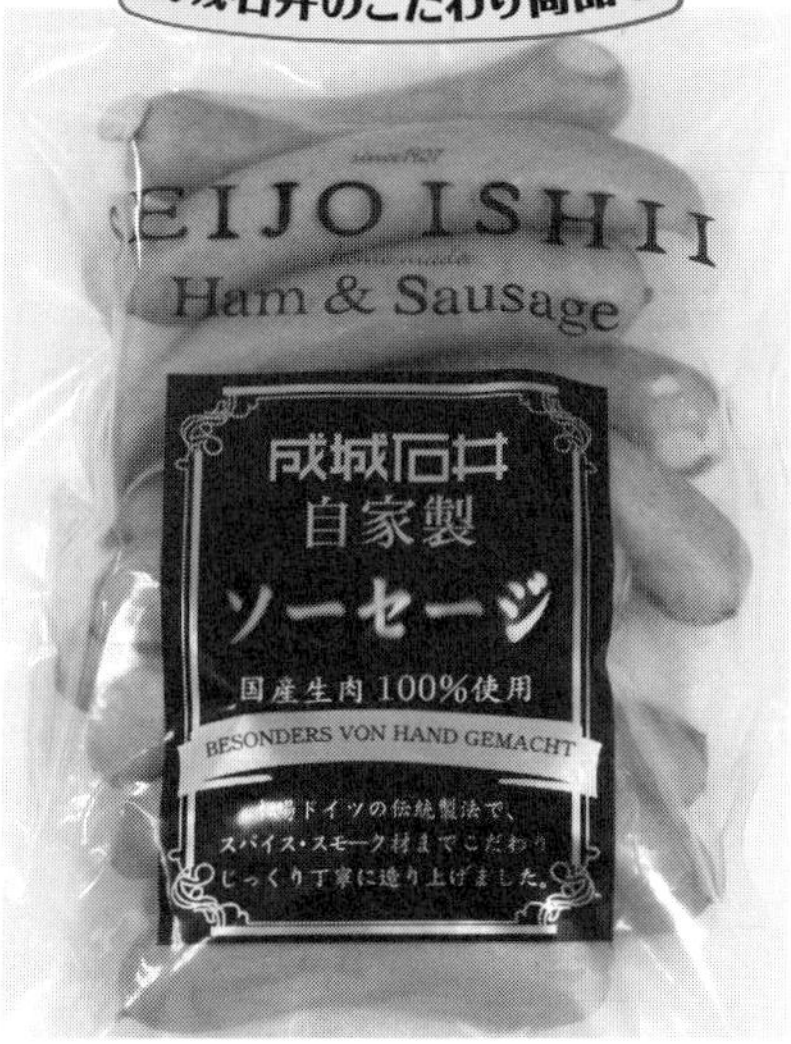


成城石井の精肉コーナーでも販売している国産のフレッシュな豚肉を使用。ドイツ岩塩（アルペンザルツ）で味付けし、ポークウィンナーは天然の羊腸に詰めて作る。燻製用木材は本場ドイツからブナの木を取り寄せている。世界最高峰の食肉加工コンテストである SÜFFA（ズーファ）や DLG において、ハム・ソーセージで数々のメダルを獲得するなど、その技術と品質は本場ドイツでも認められている。

## 「近くにできて良かった。ありがとう」といわれるお店

東京・麻布十番。真新しいビルやお洒落なレストランと老舗の商店や下町の風情が同居する、独特の雰囲気を持った東京でも人気の街。取材でこの街を訪れたとき、そのメインストリート沿いに真新しいスーパーが、オープンから二カ月目を迎えていた。売り場面積は五九坪。スーパーという言葉をイメージすると、その店舗の小ささに驚いてしまうかもしれない。

だが、このスペースには、実に六〇〇〇から七〇〇〇もの商品が並び、店内は昼間から賑わいを見せていた。あまりの来客数の多さに、開店からしばらくは、入り口横に置かれている買い物用のカゴがしばしば空になってしまったという。

売上も、当初の予測の約二倍で推移しているという。消費不況といわれるこのご時世に、なんとも驚きの状況である。

# 第1章 熱狂的に支持されるスーパー「商品へのこだわり」

お店の名前は、「成城石井」麻布十番店。近隣には大手資本のスーパーに加え、地元で古くから展開しているスーパーもある。さらに、店のすぐ真横には大型のコンビニが店を構えていた。そんな周辺環境をものともせず、後発ながら繁盛店になっていたのだ。

こうした路面店のみならず、最近では本当にあちこちで目にするようになったスーパーマーケット・成城石井。その成長が今、加速している。この本を書いている二〇一四年三月の時点で店舗数は一一二店。

一〇年前の二〇〇四年、成城石井は三〇数店舗だった。もっといえば、一九九四年には四店舗しかなかった。これが、わずか二〇年で一〇〇店を超えるスケールになっているのである。

しかも路面店、駅ビル、デパ地下、ショッピングセンターテナント、オフィスビル、コンビニ跡地など店舗形態は多彩。サイズも二〇坪の小型店から一九〇坪の大型店まである。

全店売上高も好調だ。二〇一三年度の売上高は五〇〇億円超と前年比一〇五％の伸びとなった。二〇〇九年の売上高四〇〇億円台から、四年で一〇〇億円以上の伸びとなっている。従業員数も、三四〇〇名にのぼる（社員約八〇〇名、パート・アルバイト約二六〇〇名）。

この二〇年、日本の消費市場は厳しい状況に見舞われてきた。「商業販売統計」によれば、二〇〇〇年から二〇一〇年の間に、小売業の販売額は一三六・八兆円から一三四兆円へと二兆円もスケールダウンしている。

業態別に見ても、百貨店は八・六兆円が六・二兆円と、大幅ダウン。総合スーパーに至っては、一五・九兆円が一二・七兆円と三兆円規模のスケールダウンになっている。

こうした中で、成城石井は店舗を倍増、さらには三倍にしてきた。しかも今なお、出店依頼が続々と寄せられているという。そして麻布十番店もそうだが、店がオープンすると、必ずこんな声が次々に寄せられるという。

「成城石井ができるのを待っていた。本当にうれしい」

「近くにできて良かった。ありがとう」

「これから毎日、来ます」

新たな出店を多くの人から感謝される。多くの人が出店を待っている。そんな存在になっているスーパー。それが、成城石井なのである。

## 「成城石井でしか買えない」商品がずらりと並ぶ

では、どうして成城石井がこれほど支持を集めているのか。まず、何よりも大きな特徴は、その品揃えの独特さにある。輸入商材、隠れた名品、地方の名産品をはじめ、独自商材が極めて多いのだ。

ワイン、チーズ、生ハム、紅茶、コーヒー、オリーブオイル、ジャム、味噌、牛乳、豆腐、納豆、昆布、鰹節、ダシ、チーズケーキなどなど、有名なメーカーのものも置いてあるが、成城石井でしかお目にかかれない商品も多い。買うときの選択肢が幅広いということだ。

もちろん店舗のスケールにもよるが、例えば、塩ひとつとってみても、種類は極めて豊富。一般のスーパーに置かれているような標準的な商品もあるが、「宮古島雪塩」「淡路島の藻塩」「セルファン」「エキストラファインソルト」など、ミネラルの量が異なるといった規格の異なる幅広い商品がズラリと揃っている。五〇〇グラムで一二〇〇円前後という「海の精」「粟国《あぐに》の塩」のような高級品もある。

どの店舗でも高い人気を誇るという成城石井オリジナルのコーヒーは、オールアラビカ種。人気の理由は、クオリティに対するコストパフォーマンスの良さ。わかる人には、すぐにわかるおトクさなのだという。プロのコーヒーショップのマスターが買いに来ることもあるのだとか。業者価格で買うよりも安いからだ。

同じく人気のチョコレートは本場のベルギーやフランスからの直輸入品も多い。ただ輸入したものを店頭に並べるだけではない。輸入品はワンパックの量が多く、また包装は日本のクオリティのほうが高いため、小分けして自社で包装し直しているものもある。そんな細やかさも支持されている理由だ。

直輸入品の多さは、成城石井が貿易会社を持っていることが大きい。まだ一店舗だった時代から、第三者に任せず、バイヤーが直に世界の商品を探し出し、買い付けてき

塩の棚。産地、成分などの異なる多くの塩を取り揃えている。

た。だから、成城石井でしか手に入らない商品が多いのだ。

こうした直輸入品に加えて、いわゆるプライベートブランド商品もたくさんある。詳しくは第3章で書くが、味や品質はもちろん、原材料や安心安全のこだわりの食材を求めるあまり、世の中になければ自分たちで作ってしまおう、となったという。

輸入商材にオリジナル商品も加わり、全体の三割が、他ではまず買えない商品になっている。この品揃えのユニークさ、しかもそのクオリティの高さが、大きな人気の理由だ。

そして品揃えの違いといえば、売り場で大きな存在感を誇っている総菜だ。成城石井で総菜コーナーを眺めてみると、一般的なスーパーやコンビニとの圧倒的な違いにすぐに気づかされる。売っているものがまるで違うのだ。例えば、揚げ物がほとんどない。

一般的なスーパーは数百坪の敷地面積があり、バックヤードを持っていて、そこで総菜の準備がされることが多い。製造は基本的に外注され、バックヤードでパート担当者が簡単に加工し、店頭に出しやすい商品開発が行われている。

開封して盛りつけるだけ、冷凍品をレンジであたためるだけ、揚げるだけ、が基本メニュー。だから、揚げ物が多い。

だが、成城石井の店舗は、一部の大型店を除き、基本的にバックヤードで調理や加工はしない。早くから貿易会社を持っていたと書いたが、なんとまだ六店しかなかった時代に、総菜を作る食品工場「セントラルキッチン」を自社で立ち上げたという。

これも詳しくは第3章で書くが、このセントラルキッチンが、成城石井で展開される総菜のほとんどすべてを作っている。外注ではなく自社製造なのだ。

しかも、総菜開発の中心を担うのは、元有名ホテルや有名レストランのプロフェッショナルたち。いってみれば、一流の料理人がスーパーの総菜を作っているのが成城石井なのである。さらに、ほとんどが手作りで準備され、パッケージされ、各地の店頭に並ぶのだ。

食品しかり総菜しかり、置いてある商品が、まったく違うのが、成城石井だ。だが、ただ珍しい食材や高級食材が置いてあるだけなら、成城石井はここまでの支持は得られなかったかもしれない。

一流のものが揃っていながら、実はお手頃な値段になっている。

「これだけいいものなら、この値段は決して高くない」

商品を知った顧客の多くがこういう。それが成城石井なのだ。

## 高級住宅街・成城の顧客に「育ててもらった店」

直輸入品をはじめとした独自の品揃えに、一流の料理人が作る総菜。しかも、値段はお手頃。どうして成城石井は、こんなことができているのか。代表取締役の原昭彦社長に聞いてみると、真っ先にこんな答えが返ってきた。

「成城石井というお店は、成城のお客様に育てていただいたんです」

成城石井のルーツは、一九二七年二月に誕生した果物、缶詰、菓子を扱う食品店。創業者の石井隆吉氏が、東京都世田谷区成城の地に店を構えたことに始まる。その後、二代目社長の石井良明氏が一九七六年に店舗を新たにし、スーパーマーケットとして営業を開始する。

第二号店は一九八八年に神奈川にオープンした「青葉台店」。その後、少しずつ店舗を拡大し、一九九七年に初のエキナカ店舗である「アトレ恵比寿店」のオープン以降、出店が加速していくが、今も成城石井の一号店である「成城店」は、圧倒的な存在感を放つ。もちろん売上も全店舗でトップだ。原氏は続ける。

「成城は、都内屈指の高級住宅地です。時代の最先端を切り開いてこられた経営者や文化人も多い。早くから海外を経験されている方もたくさんいらっしゃいました。その意味では、特別なエリアだったんですね。そこで商売をするとは、どういうことか。世界でいいモノを見てこられた目の肥えた方々の視線に、常にさらされ続けたということです」

成城は、今でこそ区画はかなり分割されているが、かつては大きな庭が当たり前のように広がる大変な豪邸街だった。豊かな環境にこだわった人たちが集まる街だったのだ。社長の原氏は続ける。

「当然、食に対する興味や関心も高いものがありました。本物志向で妥協はされない。しかも〝高くていいもの〟は、当たり前なんですね。それを、いかにお値打ちで出せるか。商売としては、これが問われたわけです。そして、お客様が求めるものに、お客様の期待に、どうやって応えることができるか。それをずっと考え続けてきたのが、成城石井でした。本当においしいものをお客様に提供するために、できることをとことん突き詰めることこそ、成城石井のＤＮＡなんです。そこに妥協は許されない。それでは成城のお客様には、認めていただけないからです」

## 成城石井のワインを求め、三時間かけて店に来た人も

成城に暮らす人たちから、成城石井は多くの商売のヒントを得てきたという。原氏はいう。

「自分たちは知らないことを、海外に住んでおられたり、日本国中をめぐっておられた成城の人たちはよくご存じでした。それこそ、お客様のほうがいろんなことに詳しかった。感度の高い食文化を持っている方々の話を聞いて、成城石井は追いかけていったんです。求められているものを提供するためにはどうすればいいのかを考えながら、一緒に歩んできた。そんな歴史を持っているんです」

象徴的な例がワインだ。圧倒的な品揃えと高い品質で、ワインは成城石井の人気商品のひとつになっているが、それもそのはず。そのこだわりは徹底している。

「一九八〇年代にワインを扱い始めた頃、〝ヨーロッパのワインはもっとおいしいよ〟という声をお客様からもらいました。そこで、ヨーロッパに行ってみて、口にしたワインのおいしさに愕然としたというんです。なぜなら、ワインの味が、日本で飲んだものとはまるで違っていたから。同じラベルなのに、です」

当時はワインの輸入を商社に委ねていた。調べてみて、味の違う理由がわかった。ヨーロッパから、常温による普通のコンテナで運ばれていたのだ。

船便で二カ月もかかるのが、ワイン輸送。長期間にわたって、冬でも三〇度近い気温になる赤道直下のエリアを移動すればどうなるか。コンテナの内部はとんでもない熱さになる。これが、ワインに影響を与えないはずがない。実際、沸騰状態になり、日本に着いたときには量が違ってしまっていたこともあったという。

「だから成城石井では、ワインは『Ｒｅｅｆｅｒ（リーファー）』コンテナと呼ばれる定温輸送で直輸入することにしました。現地のワイナリーから外気の影響を受けることなく、日本に運ばれてくるようにしたんです」

二〇年近く前には、かなり珍しい取り組みだったらしい。何よりコストがかかる。しかも、日本に入ってきてから外気にさらされたのでは意味がない、と倉庫にもこだわった。

「完全定温、定湿管理の倉庫を建造し、そこにワインを保管しています。ワインはデリケートですから、いい加減に管理していたのでは傷んでしまうんです。二四時間、温度や湿度を管理し、記録するだけでなく、冷気が全体にまんべんなく自然滞留される仕組みも取り入れています。醸造知識を持った専門家のスタッフがヨーロッパで直接仕入れ、定温輸送にこだわり、現地と同じ状況で保管し、店舗にも定温輸送する。それが成城石井のワインなんです」

保管されているワインは多いときで一五〇万本にものぼるが、実は輸入されたものから順に店舗に並ぶわけではない。飲み頃の状態のものがチョイスされ、店頭に送られている。

「お客様にいいモノを出したい。常に最高の状態でお客様に提供したい。そう考えれば、ここまでやるのが、成城石井です。ですから、ワインに詳しい人は、同じ一五〇〇円のワインでも、成城石井のワインは価値が違う。そんなふうにいっていただける

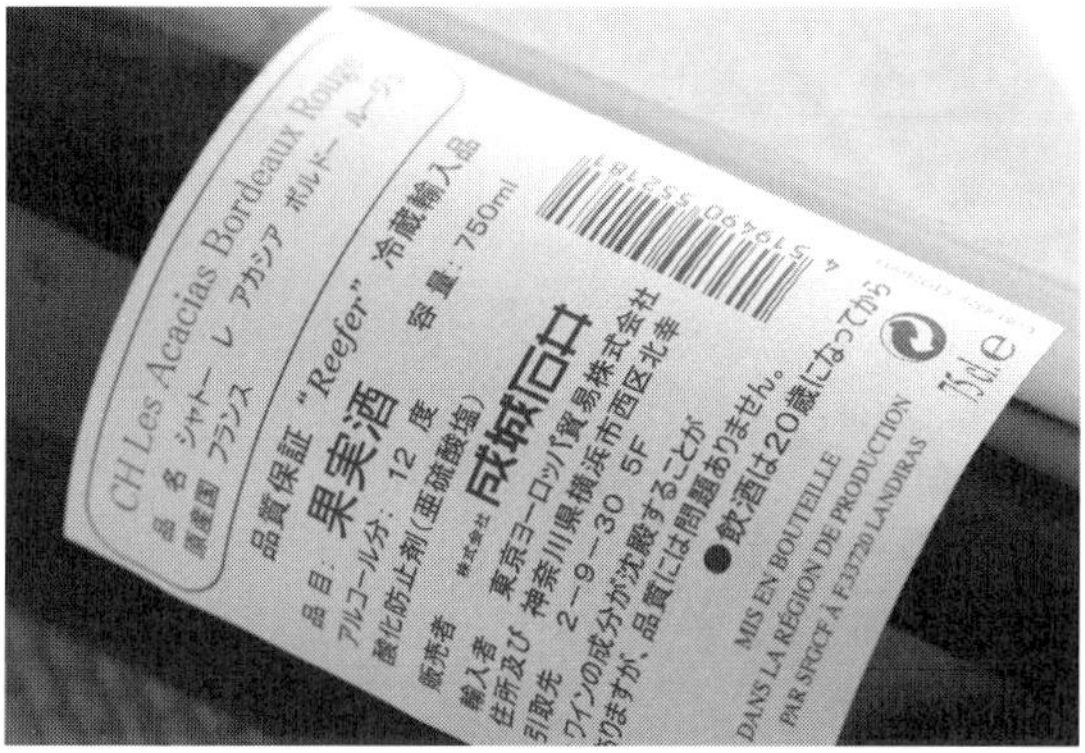

定温輸送「Reefer」の表示がされているワインのラベル。
品質保証の証。

ことも少なくありません」

かつては三時間、四時間とかけて、わざわざ地方から成城石井までワインを買いに来ていた人もいたという。

「ここまでやっている会社はないと思っています。逆にいえば、ここまでやらないと、本当においしいものを届けることはできません。それを追求したことで、定温輸送をはじめとした、いろいろな仕組みが生まれたんです」

ちなみに、定温輸送の「Ｒｅｅｆｅｒ」は、どこでも行われているわけではない。ワインの裏面のラベルに、その文字が書かれていなければ、常温で赤道を通ってきた可能性は高い。それは、本来のワインの味ではないかもしれない、ということだ。

また、「Ｒｅｅｆｅｒ」であっても、日本国内での物流や保管状態によって、まるで品質は変わってくる。おいしいワインを求める人は、銘柄や味だけでなく、ワインがどんな管理をされているか、要チェックである。

## 儲けよう、とは考えない

定温輸送で、おいしいワインの輸入を実現した。日本でも、ヨーロッパと同じ味でワインを楽しんでもらえるようになった。こうなると、また新たな声が成城の顧客から飛んでくるようになったという。原氏は続ける。

「ワインって、本当にたくさん種類があるんですよ。フランスだけでなく、イタリアやスペインのワインもおいしい、と。そう教わって、ワインの品揃えを増やしていったんですね。成城のお客様に教えていただいて、それはできたんです」

しかも、声はワインに関するものだけにとどまらなかった。

「おいしいワインが入ってきたら、やっぱりおいしい食材を合わせたいよね、と。そこで教えていただいたのが、チーズです。当時、日本でチーズといえば、プロセスチーズでした。でも、プロセスチーズでは、いいワインがもったいないですよ、と」

こうして、ワインと並び、成城石井の人気商品になっている輸入チーズの取り扱いが始まる。これも一九八〇年代のことだ。

「ワインに合わせて、いろんなチーズを調達しよう、ということになったわけです。チーズは鮮度も重要です。それで、飛行機で輸入することにしました」

しかし、航空便では、どうしても価格が跳ね上がる。商社から仕入れるにも、当時は輸入量も少なく高いマージンを求められた。そうなると、さらに手が出ない価格になってしまう。

「そこで、自分たちが直輸入すればいいんじゃないか、ということに気づくんです。マージンなんて、お客様にとっては余分なコストじゃないか。高品質なものを、お客様に手軽に提供できる仕組みさえ作ればいいんじゃないか、と」

自社で持っている貿易会社が、子会社の東京ヨーロッパ貿易である。自分たちのこだわりの輸送を実現させ、マージンをカットすることで、リーズナブルな価格でワインやチーズの輸入を可能にしたのだ。原氏は続ける。

「こうして直輸入という仕組みが、いろんなものに応用できるようになったんです。チョコレートは日本で売られているものとはひと味違うよ、オリーブオイルというのがヨーロッパでは人気だよ、スペインやイタリアにおいしい生ハムがあるよ……。こんなふうにお客様の声が広がることで、輸入品のカテゴリーがどんどん広がっていきました」

興味深いのは、儲けよう、という発想ではなかったことだ。本当においしいもの、こだわったものをとことん突き詰めよう、というところから、成城石井は品揃えを考えた。それが結果として、他社が真似できない仕組みや品揃えにつながったのだ。

「日本のメーカーや問屋さんも頑張っておられます。でも、日本国内で買っているだけでは、成城石井のお客様は、満足してくださらなかったんです。かといって高品質なものに、問屋さんはなかなか手を出してはくれない。だから、自分たちで取りに行くしかなかった。直接、産地まで行って何でも買ってくる仕組みが確立したんです」

## 肉は食べ頃になってから提供する

こうした考え方は、輸入品に限らない。スーパーにとって重要な商品アイテムである肉、魚、野菜の生鮮三品も同じだという。厳しい目を持つ成城の顧客に代わり、目利きの力が求められるようになっていったのだ。

成城石井の精肉売り場では、色鮮やかな肉が並ぶ。牛肉にせよ、豚肉にせよ、一目見て高級肉だ、とわかる。もちろん、お値段もそれなりに張る。原氏はいう。

「肉には肉質の格付け等級がありますが、成城石井では、A5かA4の最上級クラスのものを中心に専門のバイヤーが仕入れています。等級ではA5のほうがA4よりも上なんですが、難しいのは、ではそのほうがおいしいのかというと、必ずしもそういうわけではないことです」

格付け等級を行っているのは、肉の検査官。肉質等級は、脂肪や光沢、締まりなどでチェックされるが、味でチェックされているわけではない。

「バイヤーによっては、むしろA5よりも、A4のほうがいい、おいしい、と判断して買ってくることもあります。等級だけで判断せず、常にバイヤーが自分の目でチェックすることを基本にしているんですね」

求めているのは、本当においしいもの。ただ等級が上のものを買ってきさえすればいい、ということではない。

「それこそ、見た目が必ずしも味につながるとも限りません。例えば、赤牛の肉はサシと呼ばれる白い脂が見た目にはほとんど見えない。でも、脂が少ないわけではない。牛の種類とエサが違うんです。だから、おいしそうに見えないといわれることもありますが、本当においしいんですね。成城石井では自信を持って赤牛を売ります。それほど生産量がありませんから、一部の店舗でしか扱えないのが残念なんですが」

各地の銘柄牛や品評会のチャンピオン牛がキャンペーンとして扱われることもある。銘柄によって肉の味には個性がある。ここでも、顧客のいろんな好みに応えるために、さまざまな取り組みを進めてきたのだという。

そして仕入れてきた牛肉は、さっそくカットしてスライスし並べるのかといえば、

肉は専任の担当者のチェックにより、食べ頃の状態で店頭に並ぶ。

違う。

「昔から行っていることですが、各店舗には肉の知識を持つ担当者がいまして、お肉は店や仕入元などで熟成させて、一番の食べ頃の状態のときに、お客様に提供します。しっかりしたものを選んでくるだけではなく、食べ頃も見計らっています。それができるだけの目を持っている職人が、成城石井にはいるんです」

そして、仕入れた肉をどうさばいていくのか、というところでも、大きな差は生まれるという。例えば、鶏のもも肉。これは妻の話で恐縮だが、初めて成城石井で買って、驚いたという。鶏肉から、余分な脂や血の塊が取り除かれていたからだ。

レストランで食べる鶏肉と家で調理する鶏肉で、なぜ臭みに差が出るのか。この脂が原因ではないか、と妻は感じたらしい。レストランでは、下処理でこうした脂が取り除かれていたのではないかと。成城石井の肉のように。

「そうした処理もきちんと行います。それも、専任者がすべて行っています。プロの技術でさばいてお客様に提供しているんです。だから、初めて買われた方が、驚かれるのも無理はないと思います」

もっといえば、鶏そのものもエサから違うという。それも臭みがない理由だ。

「牛肉も、豚肉も、鶏肉も、ほとんどが生産者の顔が見える商品なんです。誰が作ったかわかるものを、肉を熟知した専任者が扱って提供しているんです」

だから買うときには、ぜひ相談してほしいという。何に使うのか。すき焼きかステーキか、何人くらいで食べるのか……。その時期、最もおいしいお肉をすすめてもらえるそうだ。

## 「やっとわかってくれる人が現れた……」

野菜や魚も、同じように徹底的にこだわった仕入れをしている。かつてはバイヤーが自ら軽自動車を運転して生産者のところを訪問し、そのまま買い付けてきた、なんてこともあったらしい。原氏はいう。

「生産者の中には、本当にこだわって作っている人もいるんです。しかし、普通の仲介業者に買い取ってもらったら、こだわって作っているものも、そうでないものも、ほとんど評価は変わらない。価格の問題ではないんです。こだわって作っている良さをわかって買ってくれる人を探していた。そういう人たちを、成城石井も求めたんですね」

実際、〝やっとわかってくれる人が現れた〟という評価を、生産者から得られることがたびたびだったという。ただ、いわゆる産地直送だけでは、供給がどうしても安定しない。そこで仲介業者や市場を使うこともちろんあるが、供給が見込めれば、産地から直接送られた、こだわりの野菜が売り場に並ぶことになる。

「春先なら、霜降り白菜や深谷ネギなどを毎年、楽しみに待っているお客様もたくさんいらっしゃいます。これらは、生産者と直接コミュニケーションをして、一番いい畑でとれた一番いいものを指定して仕入れています。長年、こだわったものをずっと売り続けてきたという信頼が、それを可能にしていると思っています」

成城石井の野菜は、冷蔵庫の中で傷みにくい、という声も耳にしていた。これは、グレードの高いものを仕入れているだけでなく、鮮度の高い産直野菜が多いからだろう。

魚も築地市場を中心に厳選したものを仕入れている。安定供給のためには漁師からの直接購入ばかりではないというが、こちらもこだわりは徹底している。

「例えば、春先からホタルイカが出てきますが、原則として富山湾のものしか買わないですね。また、サンマは主に北海道の厚岸のサンマです」

サンマといえば三陸産が有名だが、実は数が獲れるだけに加工用が多いのだという。

「三陸のサンマはまだ細いんです。これが北海道まで上がってきて大きくなったものが、厚岸のサンマです。本当にびっくりされますが、サンマの尻尾の部分から手で握ると上にしっかり立つんです。グニャリ、とならない。しっかり身が締まっているからです。普通は冷凍にしてトラックで運ぶんですが、鮮度が重要ですから、飛行機で運んでいます」

北海道の厚岸は、山のほうから釧路の湿地にかけ、栄養素がたくさん流れてくるのだという。それを目がけてプランクトンがたくさんやってくる。厚岸のサンマは、そのプランクトンを食べているから、身も肉厚になりおいしいのだそうだ。

「普通は大きな網でガサッと獲りますが、成城石井は極力身に傷がつかないよう丁寧に獲っています。毎年、成城石井がサンマを売り出すのを、楽しみに待っているお客様はたくさんいらっしゃいますよ」

値段は標準的なサンマの二倍から三倍、一本三〇〇円程度が相場だという。それを高いと考えるか、安いと考えるか。

## おいしいものを食べてしまうと、もう戻れない

それにしても、社長自らここまで商品に詳しい、というのも、品揃えに徹底的なこだわりを見せる成城石井らしい、といえるかもしれない。原氏はいう。

「バイヤーをやっていましたから。成城石井の一つひとつの商品には、きちんとストーリーがあるんです。それこそ今は、野菜にしても肉や魚にしても、ブランド商品が出てきていますよね。関サバ、なんてものもそうですが、昔はそんな名称はありませんでした。だから、おいしいものに出会ったときは、海流やらエサやら、おいしい理由をきちんと聞いて、そこから理解して、お客様に伝えていく必要があったんです」

ところが、ブランドは勝手に一人歩きしていく危険を持っている。関サバも一時、

いろいろな産地の関サバが登場して問題になった。

「大事なことは、生産者が一生懸命に作っているとと、しっかり理解することなんです。それをせずにブランドだけで知ったつもりになることはしない」

そして、きちんとストーリーが理解されたとき、商品は支持を得ていく。だから、ストーリーは重要になるのだ。

「成城石井の商品は値段が高い、といわれることがあります。たしかに単純に比較すれば、他のスーパーより高いものもあります。ただ、ストーリーをきちんとお伝えして、そこまでこだわっている生産者がいて、その気持ちを理解してこだわって売ろうとする私たちがいて、それでも本当に高いでしょうか、ということは問うてみたいんです。成城石井のお客様は、それをよくご理解くださっているのだと思っています。そして、こういうプロセスを、一つひとつ積み上げて商品が増えていって、今の成城石井があるんです。成城店から始まり、エキナカなどに出店していって、少しずつ認知度が上がって、今の一一二店につながっているんです」

したがって、これだけ店舗数が増えた今も、ベースの考え方は、まったく変わっていないという。

「本当においしいものを提供する。それが一番大事なことだと思っています。これは私自身もそうなんですが、おいしいものを食べちゃうと、もう戻れないんですよ（笑）。成城石井のこだわりを理解してくださる方が増えたというのは、それだけおいしいものを求める方が増えたということだと思っています」

産地まで行き、本当においしいものを探してきた。それを本気でやる会社なのだ。それが支持を生んでいる。そして、そんな成城石井を作り出したのは、実は顧客だった。顧客が求めるものを追求してきたら、今の成城石井になったというのである。

# 第2章

# お客様主義で「基本」を大切にする

## 「サービスへのこだわり」

### チーズ

成城石井のこだわり商品②

ワインと並び、成城石井が品揃え、品質に力を入れるチーズは、約130種を取り揃える。カマンベール、ゴルゴンゾーラ、ブリーなど、種類ごとにも複数商品をいくつもの国から買い付けており、伝統的な製法や原料で作られ、高品質の証である原産地統制呼称「AOP」を取得しているチーズも多数扱っている。

## 店が重視する四つのこと

二〇一四年一月二一日。成城石井が年二回行っている「経営方針説明会」を見学させてもらった。会場は本社に近い、横浜そごう九階の新都市ホール。

会は一三時から五時間にわたって続く。時間前に入ると、ホールは、成城石井の従業員約八〇〇人で埋め尽くされていた。ステージ前の一階席は約五〇〇席。ここには、店長をはじめとした現場のスタッフが陣取る。社員だけではない、パート、アルバイトの姿も多い。二階席は本社からのスタッフだ。

最初に行われたのは、永年勤続者の表彰。一〇年勤続が二七人、二〇年勤続が七人。三〇年勤続が二人。それぞれ代表者が一言、謝辞を述べる。

その後、三分ほどのメッセージビデオが流れると、社長に始まり、管理本部、営業本部、製造本部、人事など幹部のレポートがあり、その後はイノベーションに成功した店舗の紹介や技能検定者の表彰、優秀店舗の表彰、海外研修参加者によるレポートなどが行われた。

印象的だったのは、まず全体が〝現場第一主義〟で貫かれていたこと。現場の店舗が主役、そこで働く店長やスタッフたちが中心、という空気感である。

社長はじめ幹部のレポートも、店舗で働く従業員に向けて語られていく印象があった。本部側は、最前線である店舗で働く従業員たちを尊重し、「いつも現場をありがとう」というムードなのだ。

このような業態にありがちな経営陣が一方的に業績を説明し、現場が数字を上げるよう鼓舞する、といった雰囲気はまったくといっていいほどなかった。むしろ、好業績を現場に感謝している感すらあった。

現場主義、現場が主役。それが最前線の経営レベルでも貫かれているのではないかと感じた。

そしてもうひとつ、印象的だったのが、社長の原氏が強調していたことだ。それは「基本の四つ」の徹底だったのだ。挨拶、クリンリネス、欠品防止、鮮度管理である。

この四つは、顧客との接点の基本中の基本。これこそが、最大の経営方針であり、成長戦略であるかのようだった。取材でこのことについて質問すると、原氏はこう語った。

「基本こそが大事なんです。これができて初めて次のアクションだと思っていますから。どんなにいい商品を仕入れても、お客様にきちんとした気持ちのいい挨拶ができていなければ決して良い評価を得ることはできません。成城石井にしかない商品も多いですから、それは他の店にないから成城石井に来てくださっているわけです。なのに、気持ち良く買い物ができない、などという状況を絶対に作ってはならない」

成城石井が顧客から高い支持を得ている、もうひとつの理由。それが接客をはじめとしたサービスへのこだわりとレベルの高さだ。

## 「話をしに来るだけでもいい」スーパー

実際、売り場やレジでの接客を高く評価している成城石井の顧客は多い。お店で常連の顧客と従業員が親しげに会話をしている光景は、ごく普通のものになっている。

店舗にいるスタッフの数も多い。何かを尋ねようにも従業員が見つからない、ということはまずない。

もっといえば、他のスーパーにはない特徴がある。店内のどこに何が置かれているのか、カテゴリーを示す看板が天井からぶら下がっていないのだ。これには理由があるという。

「わからないことがあれば、気軽にお声がけください、ということなんです。それが、成城石井のスタイルなんですね。コミュニケーションをし、お客様と少しでも近づきたいスーパーなんです」

成城石井が目指しているのは、会話ができるスーパー、だという。

「これはスーパーに限りませんが、経費削減の名のもとに、従業員を減らしている商業施設も少なくありません。それでは、〝お客様と会話なんてしてもしょうがない、手間がかかるだけだ〟という考えだと思われても仕方がないと思います。成城石井は違います。店内には従業員が大勢います。お客様と、どんどん会話をさせていただきたいんです」

会話をすれば、求められているものが見えてくる。〝今日はこんなものが入っていますよ〟というコミュニケーションもできる。〝先日お買い上げになった商品はいかがでしたか？〟という問いかけもできる。

従業員の中には、顧客の顔と名前を覚えているだけでなく、顧客の好みを把握している人も少なくないという。顧客の期待に応えようと、馴染みの顧客に買い物してもらった商品をノートに記録しているスタッフもいるそうだ。

「それこそお店にいると、〝今日は△△さん、います？〟と聞かれて、〝今日はお休みをいただいているんです〟と返すと、〝じゃあ、また来ます〟と、帰ってしまわれるお客様もいらっしゃいます。でも、それでもいいと成城石井は考えているんです。極端な話、何も買わなくてもいい。話しに来るだけでもいい。ただ、成城石井の従業員と話ができて、〝今日は成城石井に行って楽しかった〟とお客様に思っていただけるだけでもいい。そんなふうに考えているスーパーなんです」

こうした接客の姿勢は、早い時期から成城石井には作られていた。ここでも、国内外で高いレベルのサービスに接してきた成城に暮らす顧客の影響が大きかった、という。品揃えのレベルのみならず、サービスレベルにおいても、目の肥えた顧客から評価を得るための努力を、成城石井はずっと続けてきたのだ。

「それこそ今はもう仕組みとしてはなくなってしまいましたが、昔は成城のお客様に対して肩肘の張ったコミュニケーションにならないよう、お客様が見ておられるような世界を従業員に見せるための取り組みもありました。例えば、みんなでオペラを見に行き、超一流のレストランで食事をしてみる。一流ホテルのサービスを体験してみる。サービスされる側になって、初めてわかることがあるのではないか、という発想です。お客様と同じステージに立つことで、求められるサービスを知ろうという努力をしていたんです」

成城石井はサービス面でも、徹底的にこだわり、突き抜けた取り組みをしてきたスーパーだったのである。

## 食卓に並ぶまでが成城石井の仕事

接客に加え、もうひとつ、成城石井が力を入れてきたサービスがある。それが、レジだ。

スーパーで顧客が大きな不満を抱えるもののひとつが、レジの行列。誘導されて並んだレジが遅く、後からやってきて隣のレジに並んだ人が先に会計を済ませた、といったことは、大きなストレスになる。顧客の離反理由としても大きなものらしい。

レジのスピードアップを図るため、レジ担当の技能アップを目指すチェッカー（レジ係）技能検定の受験にも力を入れているのが成城石井だが、取り組みはそれだけにとどまらない。

そもそもレジの人員が多い。さらに混雑時間帯には、その人員を一気に増やす。しかも成城石井の場合、袋詰めは自分で行うセルフ型ではない。レジ担当の従業員が袋にも入れてくれるのだ。

これがまた丁寧である。例えば、イチゴは半透明のビニール袋をかけられるが、袋に空気をパッと入れて瞬時に結んでエアクッションになるようにしてくれる。こうすれば、他の商品でイチゴがつぶれることはない。原氏はいう。

「手間もコストもかかるわけですが、成城石井としてはこだわって仕入れてきた商品を、いい状態でお客様に持ち帰っていただきたいんです。スーパーのように商品を持ち帰っていただく業態は、飲食と違って、その場で食べて終わり、ではないんですね。持って帰って自宅で食べていただいて、そこで初めて評価が生まれる。その意味では、家に届き、食卓に並ぶまでは、私たち成城石井の仕事だと考えています」

また、これは第3章で詳しく書くが、とりわけ自家製の総菜は極力、化学調味料を使わず、保存料は一切使用しないのが、成城石井のポリシー。それもあって、保冷剤などのケアにはかなりの注意を払っている。

混雑時には、ひとつのレジに最大三人のレジ担当がつくという。

「レジにしっかり人員をつけているのは、実はもうひとつ理由があります。会話のできるスーパーとして、多くの従業員を売り場に置いていますが、売れていく商品を補充する品出しや、多くのアイテムの賞味期限確認、さらには翌日の発注業務などで、常に売り場の従業員が自由になっているわけではないんです。そうすると、会話の最後の砦がレジになる。レジでコミュニケーションさせていただく、というのが、重要な機能になるんです」

レジは、その日のスーパーの最後のイメージを形作る場所になるのだ。

「いくらいい接客サービスを受けて、商品のストーリーをじっくり聞いて買い物ができたとしても、最後のレジのところでご満足いただけなかったら、それがお店のイメージを損ねてしまう可能性は高いです。レジはコミュニケーションの最後の砦であると同時に、サービスの最後の砦。だから、レジにかなり力を入れているんです」

## 「ここは自分のお店だ」と顧客が思っている

成城石井が力を入れているレジ。中途入社の幹部で、業務としてそのすごさを実体験した人物が本部にいた。二〇一三年に大手衣料品メーカーの広報から転じてきたコーポレート・コミュニケーション室の五十嵐隆氏だ。彼は入社にあたり、パートやアルバイトの従業員に混じって研修を受け、店舗の最前線であるレジの袋詰め業務の研修をすることから成城石井での仕事をスタートさせている。

彼はこのとき、レジ業務の奥深さを実感することになったという。

「レジの袋詰めといっても、決まったレジにずっと立ちっぱなしというわけではないんです。常にいろんなレジに移動していく。あそこは並びそうだな、と勘を働かせて待ち構えて必要なレジに向かうんです」

第6章で詳しく書くが、アルバイトもパートも社員も、入社すると必ず入社時研修を受けることになっており、レジ担当は、袋詰めもそのメニューに入っている。五十嵐氏はいう。

「これがもう目からウロコの連続でした。袋詰めにも、いろんな技術があるんです。例えば、卵は割れやすいので多くの人が上のほうに入れようとしますが、卵は下に入れるのが正解なんです」

卵は横の力には弱いが、縦の力にはかなりの強度を発揮するという。むしろ卵を上のほうに置き、袋が横に倒れてしまったりしたときのほうが、割れる可能性は高いという。だから、一番下に入れるのだ。

ちゃんと卵の強度が計算された上での方法論が確立されている。

「詰めていく順番もあるんですね。土台をどう作り、柔らかいものをどう入れていくのか。実際に業務に入る前に、レジリーダーと呼ばれる人からつきっきりでトレーニングを受けました。これも、驚きの連続で。例えば、牛乳を縦に入れるのは、持つときの袋のバランスを崩してしまうので推奨されないんです」

かといって、ただ横にして入れればいいわけではない。表ラベルを上にしてはいけないのだという。表ラベルが上になると、牛乳パックを閉じている上部の三角の部分が横になってしまい、パックの強度が脆くなる。彼は続ける。

「ですから、表ラベルではなく側面を上にするんですね。そうすることでパックを閉じている三角の部分を縦にできる。これで強度を保ったまま、袋の底の土台を作れるんです」

顧客として行き、技術として感心するのは、すばやい作業に加えて、本当に袋にぴったりと商品が納まることだ。しかも、安定していて、持ちやすい。ここにもプロのノウハウがあるのだ。

彼の研修は成城店での二日間だけだったというが、とても勉強になったという。

「会話のできるスーパーというのが、どういう意味なのか。本当によくわかりました。地元密着といいますが、お馴染みの方がほとんどなんですね。お客様それぞれが、ここは自分の店だ、と思っている、という印象をすごく持ちました」

最も強く印象に残ったのは、レジで黙々と袋詰めをしていると、顧客から次々に話しかけられたことだという。

「入ったばかりなのに、たくさん会話をさせていただいて。〝あら、あなた初めて見るお顔ね〟〝おいくつなの？〟から始まって、〝もしかして、どこかの会社をリストラされちゃったの？〟なんてお声がけも（笑）。レジのスタッフに対しても、『私のスタッフ』という感覚でいらっしゃるのだと思いました。だから、お客様のこともきちんと覚えておかないといけないんです」

そしてもうひとつが、レジ担当者が細やかな気配りをしていたことだ。

「一日は曇りの日だったんですが、みんながやたらと外の天気を気にしているんですね。天気はお客様の入りにも関係してくるんですが、レジの担当者も、普通の紙袋を出すのか、ラミネート加工された袋にするか、そういうことは天気を見ていないと判断できないわけです。それができなければ、お客様の期待には応えられない。お客様が雨が降っていないときに入ってこられて、出るときに雨が降っていたとして、しっかり対応できていたら、お客様の印象はどうか。結局、こうした細やかなサービスの差でお客様の印象はまったく変わってくるんだと感じました」

だが、彼が驚いたのは、さらに次の展開だったのだという。降っていた雨がやみそうになったのだ。

「雨が降ったから、ずっと雨対応でいいのかというと、そうではないんです。雨がやんだら、今度は過剰包装にならないよう普通の紙袋に戻す。こういう気遣いをしないといけない」

細やかな気配りで臨機応変に対応し、顧客の信頼を得てきた成城石井の姿を、研修でまさに実感したのだという。

## 全店のサービスマニュアルは存在しない

接客サービスを重視している成城石井だが、サービスマニュアルはない。役割ごと、お店ごとに、求められるものがまったく違うからだという。五十嵐氏はいう。

「店舗の開発の仕方とも関わってきますが、こういうお店しか出さない、という考え方であれば、きちっとしたマニュアルを作っていかなければいけないと思います。しかし、例えば路面店とエキナカ店では、求められるものが違う。同じエキナカでも、駅によってまったく変わる。だから、あえて決めていないんですね。ただ、これもまた、この会社の強みだと思っています」

運営はマニュアルがあったほうがラクだ。そのほうが効率的だからだ。だが、成城石井はあえてそれをしない。

店舗内の品揃え、いわゆる棚割も店ごとにまったく違うという。効率を求めれば、同じような棚割を作ったほうがいいに決まっているのに、だ。

「会社にとって都合のいいことが、お客様から求められているかどうか、は別の話ですから」

いつも顧客の視点が先、なのである。効率が先、ビジネスが先ではない。だから、同業者にいわれることがあるという。どうしてこんな面倒なことをやっているのか。まったく効率的ではないじゃないか、と。しかし、それが成城石井の良さなのだと社長の原氏は語る。

「それが、成城石井がこだわっているサービスなんです。たとえ効率が悪くて、時代に逆行している、といわれたとしても。そして、成城石井にお見えになるお客様は、その心地良さに気づいておられるのではないかと思うんです」

マニュアルのないサービスの心地良さには、違う視点から気づいている人たちがいる。アルバイト、パートも含めた従業員だ。明日から誰にでもできるようになるマニュアルがなければ、当然、仕事の難易度は高い。しかし、だからこそ、仕事に誇りが持てるのだ。

現場仕事である。キツさも当然ある。だが、離職率の高い小売業の中で成城石井のそれは高くないという。勤続二〇年、三〇年を表彰される社員が毎年大勢いる会社もほとんどないだろう。原氏はこう語る。

「サービスもそうですが、扱う商品も簡単ではないわけです。商品それぞれのストーリーを知って、お客様に伝えなければいけない。でも、逆にいえば、だからこそプライドが持てるわけですね。どこにでも売っている商品を扱っているわけではない、という誇りであり、お客様にそれを伝えていけるという楽しさです」

## 「従業員自身の感想」を何より大事にして

商品のストーリーを知るために、その商品価値やこだわりを、従業員にもしっかりと理解してもらう場をたくさん用意していると原氏は語る。

例えば、毎月一回、本社で行われる部門会議では、バイヤーが仕入れてきた商品を直接、各店舗の売り場の従業員にプレゼンテーションする場が設けられている。

商品の特徴を聞き、もちろん試食もする。どうすれば、売り場でうまく伝えられるかも話し合う。この場には、社員、アルバイト、パートに関係なく、多くの現場の従業員が集められる。原氏はいう。

「商品を説明するPOPも、ただ目立つように書けば伝わるのかといえば、そんなことはないわけです。成城石井のお店に行くと、手書きのPOPにも気づかれると思いますが、それは実は、部門会議のとき、従業員が試食した実際の感想が書かれていることが多いんです」

ＰＯＰに書き込む商品のキャッチフレーズも、本部が押しつけるのではない。同じものを試食しても、その感想は一〇〇人いれば全員コメントが違うと原氏はいう。

「だからこそ、それを自分の言葉にして、お客様に伝えてほしいと思っています。そうなると、自分の言葉が必要になる。商品の知識を、自分で徹底的に勉強するようになる。結果的に、商品が好きになり、仕事が好きになり、会社が好きになる。お客様に伝える力もついてくるんです」

独自の品揃えと接客サービス力は、実は相互に作用する。差別化できる商品があるから、従業員の意識は高まり、サービス力も上がっていく。サービス力が上がれば、さらに幅広い品揃えに対応できる。こうして成城石井の従業員は、力をつけてきたのだ。原氏は続ける。

「どこでも買えるものを売っている人に、商品知識がいるでしょうか？　ほとんどいらないでしょう。行き着くのは、価格競争だけです。そうじゃない商品を扱えば、知識を理解し、お客様のニーズに合わせて臨機応変に対応できるようになる。ワインがものすごく好きで詳しい人と、初めて飲む人とでは、接客の仕方は変えなければいけません。お客様への提案も変わる。でも、それができたら、従業員は楽しいんです。なぜなら、間違いなくお客様に喜んでもらえるからです」

会話をしながら商品を提供する。おいしいものを理解し、味わってもらう。こうして成城石井は、着実にファンを広げてきたのだ。

## 店の評価は売上ではない

成城石井がサービスをはじめとした「基本」をどれくらい重視しているか。そのひとつの証が、こんなところにも表れていた。お店や従業員の評価である。社長の原氏はいう。

「売上というのは、外部的な要因に大きく左右されることが多いんです。近くに大型スーパーができたり、逆に撤退したり。また、新たな施設ができて人の流れが変わってしまうこともある。お店の努力だけでは、どうしようもないことも少なくないわけです」

では、何を評価するのかといえば、基本を含めた売り場の状況であり、本部がやってほしいと考えていることをどれだけ遂行できているか、だ。評価制度を運用している人事部長であり、ＣＳ推進室室長の千葉文雄氏はいう。

「各店舗の売上や利益などは、最終的な結果ですが、成城石井はその途中のプロセスで出てくる数字を評価に使っています。そのために数字に落とし込める、さまざまな調査を行っています」

例えば、ミステリーショッパー。日本語でいえば覆面調査だ。事前に店舗に知らされることなく、外部の調査員がお店を審査する。審査項目は、先の四つの基本。挨拶、欠品、クリンリネス、鮮度管理である。これらが審査され、点数となって出てくるのだ。

毎月のように行われているだけではない。複数の診断方法でチェックされている。千葉氏はいう。

「ＣＳモニター評価と呼ばれている一般的な覆面調査に加え、売り場診断、お客様診断と三つの角度から店舗を見ています。ＣＳモニター調査は二カ月に一度ずつ、売り場診断は半年に二度ずつ、接客力を見るお客様診断は半年に一度ずつ全店で行っています」

CSモニター評価では、店内挨拶（満点三〇点）、売り場接客（二〇点）、レジ接客（二〇点）、身だしなみ（一〇点）、商品管理（一〇点）、クリンリネス（一〇点）の項目が立てられ、それぞれ満点中何点なのかが評価され、総合得点が算出される。

実際の評価シートを見せてもらったが、何が審査・評価されるのか明快に書かれた上で評点が与えられており、売り場やレジでの接客には三〇〇字ほどの総評も加えられている。従業員に髪留めの不足が一名、などの記述も。抜き打ちの調査だけに、お店の日常的なレベルはすぐにわかる。

また、売り場診断は、青果、精肉、鮮魚、日配品、総菜、グロサリー（調味料や缶詰）、菓子、酒の売り場ごとに行われる。整理がされているか、乱れや欠品がないか、鮮度はどうか……。各売り場で点数が出されるだけでなく、細かなコメントも書き加えられる。

「CSモニター評価、お客様診断は、診断のプロの外注業者にお任せしていますが、二〇一三年から、主婦のお客様目線で意見をもらおうと始めたのが、売り場診断です。これはありがたいことでもあるんですが、診断はかなり高い評価を頂戴していまして。他の二つの調査はプロがかなり厳しい目で見ていますが、売り場診断は一般の主婦の方の目線。これが、大変なお褒めをいただくことが少なくありません。こんないいスーパーがあったのか、という声を頂戴したこともあります。問題点を見つけるのが目的なので、ちょっと困っているのですが（笑）」

評価では、本部がやってほしいと考えていることがどれだけできているのか、も数字に落とし込まれる。詳しくは第4章で書くが、月間で一三〇程度の本部推奨商品や、季節のおすすめ商品をどのくらい店舗で販売できたかがわかる仕組みになっている。

ミステリーショッパーの評価はすべて数字のため、店舗ごとにずらりと評点が並ぶ。基本の要素ごとにランキング化することも可能だ。千葉氏はいう。

「毎週月曜日の経営会議は、まずは前週に行われた調査でその店舗がどのような評価を受けたのか、ということから始まることが多いですね。どうして数字が変わったか。もし厳しい数字が出ていたら、どんな打ち手があるか。これこそ、経営陣が最も気にしているところなんです」

売上ではなく、こうした基本の部分をこそ、経営では何よりも意識しているのだ。

## 基本は、やろうと思えばしっかりできること

四つの基本をずっといい続けてきたからかもしれない。ここ数年、劇的にレベルが上がってきた、と感じているのは、社長の原氏だ。

「かつては、肉、魚、野菜と専門家がポジショニングをしていたので、サービス力よりも、商品知識のほうが重視されていた面があったと思います。しかし、エキナカをはじめとした多彩な店舗になってくると、オールラウンドにいろいろな接客が求められるようになりました。ここから、商品知識の向上と同時に、接客サービスもそれまで以上に重視していくようになっていったんです」

そのためにも、まず従業員が自分の会社の商品を好きでなければ、と原氏はいう。そうでなければ、商品知識もサービス力も上がっていかない。

「ですから、採用の段階で、成城石井や扱う商品に興味を持ってもらっていたり、食

が好きな人を採用するよう強く意識していきました。もともと関心がある人たちに、成城石井は本気で商品を調達していること、商品の本当の良さを伝えることで、より成城石井を好きになってもらえる。そうなれば、お客様に伝える力もついていくんです。そしていい接客ができれば、お客様にファンになってもらえる、という流れがうまくつながってきたのが、この一〇年だと思っています」

それにしても、売上という結果ではなく、そのプロセスで評価する、というスタンスは、ともすればリスクがある。結果は出なかったけれど頑張ったんだから、という甘えだ。そのリスクを認識しながらも、そこに踏み切れた理由とは、どのようなものなのか。

「挨拶、欠品、鮮度管理、クリンリネスの四つの基本もそうですが、結局、基本的なことは、忙しくても忙しくなくても、やろうと思えばしっかりできることなんです。戦略的なことをやろうとするとスキルやテクニックが必要なときもあるわけですが、基本の徹底はやればできる」

背景には、基本をしっかりやっていれば、結果は後からついてくる、という思いがあるという。逆に結果だけを追いかけようとすると、基本がおろそかになるというのだ。

「小売りで結果を出そうとすると、簡単なのは安いものを並べることなんです。そうすると、それなりに売れる。ただし、短期的には、です。お客様は、成城石井にそんなものを求めてはいない。やがて、信頼を失ってしまう。それは、自分たちが目指すところではありません。結果が出ても、信頼を失っては本末転倒です」

そして基本ほど、実は難しい、ということがわかっているのだ。

「当たり前のことを当たり前にできることが、どれほど難しいか。商売の基本であるにもかかわらず、それを認識している人は少ないのではないでしょうか。だから、基本がしっかりできるよう、数値化して追いかけていく意味が出てくると思っています」

たまにやるとか、思い立ったときにやる、ではなく、毎日それをやり続ける。基本がなかなかできないとわかっているからこそ、できるようになるような仕組みを考える必要がある、というわけだ。

「それが本質的に大事なことなんだ、ということをきちんとリーダーは発信しないといけないんです。そうでなければ、店長に怒られるから挨拶しよう、今日は店長が休みだからいいや、なんてことになりかねない。一番大事なことは何か。これだけはやらないといけない、ということは何か。それを全員で理解しないと」

だから経営会議でも最初に議題になり、経営方針説明会でも社長自らが強調するのだ。原氏はこう断言していた。

「成城石井のマネジメントの中で、優先順位が一番高いのが、四つの基本なんです。この四つができていなければ、どんなに結果を出しても評価につながっていきません。実際に、結果を出せているお店は、四つの基本の点数も絶対にいいんです。これはつながっている。基本ができていると、店のチーム力、組織力が良くなるんです」

基本の徹底を全社で共有する。しかも、評価にも大きく直結する。その方針が貫かれているのだ。

## 繁忙期には本部の従業員も店舗へ

章の冒頭で現場主義について触れたが、これについても方針は首尾一貫している。本部のスタンスを明確にする、ということだ。原氏はいう。

「ともすれば、本部が偉い、バイヤーが偉いということにもなりかねないのが、小売業だと思っています。現場では〝バイヤーがこんなものを仕入れて、売れるわけないよ〟という声が上がり、本部では〝こんないい商品がどうして売れないんだ。現場の怠慢だ〟という話になりかねない。そうならない環境を作るために、成城石井では本部の人間がしょっちゅう現場に行くんです」

視察に行くのではない。仕事に行くのだ。人が足りない、といった場合には、本部の人間がエプロンをつけて現場に立つことは、成城石井ではまったく珍しいことではない。節分、バレンタインデー、ひな祭りなど、イベント時には、本部は会議を減らして現場に応援に行ける体制にしている。そうした組織風土を作っているのだ。

「バレンタインデーにお菓子のバイヤーが本部にいることは絶対にないですね。間違いなく現場のサポートに行っています。これが一体感を作る。同じスーパーを運営しているんだから、本部も店舗も一体だ、ということです。

忙しい時期は店舗だけが汗をかいて、本部は何時間も会議をやっているなんて、どう考えてもおかしいでしょう。大きなイベントがあったら、本部も極力店舗に応援に出ていく。そういう空気感は、成城石井には昔からありますね」

それこそ季節のイベント時には、本部はガラガラになるそうだ。実は社長の原氏も、つい最近まで応援のために現場に出ていくのは珍しいことではなかった。エプロンをつけ、挨拶をする。若い従業員に混じって品出しをし、レジカゴを整理する。相談や質問に答える。それが社長だったりするのだ。

さすがに社長業が忙しくなり、最近は出なくなったというが、バイヤーはもちろん経理など管理系の職種の従業員も、喜んで現場に出ていく。

「だから本部の従業員も、サービス研修やレジ研修をちゃんと受けています。逆にいえば、現場のことがわからなければ、仕事はできないんですよ。指示も出せない。例えば現場を知っているから、店舗が最も忙しい時間帯に電話を極力かけたりはしない」

意外だったのだが、店長が最も忙しいのは、午前中だという。お昼の一二時までに翌日の商品の発注をしなければならないからだ。その時間に、店長に電話をするのはよほどの連絡があるときに限られる。

「組織が大きくなっていくと、そういう感覚が薄れていくんですね。だから、現場に出る意味は大きい。そうすることで、本部と店舗のコミュニケーションはまったく変わってくるんです。当然、お客様からご指摘を受けたりしますから、本部の仕事にもプラスに働きます。バイヤーが厳しい声を直接耳にできる機会はないわけですから。だから、優秀なバイヤーこそ、絶対に行かせますよね。成城石井の場合は、いわなくても、勝手に行きますけど（笑）」

## 「店の都合など、お客様には関係ない」

大きなお店や会社は、どうしても小回りが利かなくなるもの。顧客や関わる人も、商品の数も多く、扱う金額も大きいので、すばやい動きや細かい対応ができなくなるのは仕方がない面もある。

例えば、首都圏で大雪が降ると、一般的な小売りの物流は麻痺してしまう。これには実は二つの理由があるという。雪で物理的にトラックが動けなくなってしまう、というだけではない。通常の動きに乱れが生じると伝票の処理が一気に複雑になるためにセンターが荷物を一度、止めてしまうことがあるというのだ。配達すべきすべての荷物がセンターに来ないため、到着を待ってしまうのである。

「止まっているのではなく、会社の都合で止めている、という側面もあるんです。でも、お客様は商品が欲しいんですね。処理が複雑になっても、まずはお客様に商品を届けることのほうが先。しかし、複雑なチェーンオペレーションがそれをさせない。成城石井の場合はシンプルなんです。なんとかして届けてしまう。伝票処理なんて、後でやればいい。まずは届ける。なぜなら、お客様がお待ちだから。それを、みんながわかっているんです」

一一二店の成城石井もチェーンオペレーションで運営されている。しかし、システムありきではないと原氏はいう。

「スーパーに牛乳がないなんて、ありえない、というのが私たちの考え方です。ただ、配送網が止まると、物流センターには送るべきすべての商品が届かなくなるのは同じ。でも、全部が揃うまで、いつまでも待つことはしないし、配送を止めることもしないのが、成城石井です。半分しか揃っていなくてもいいから出荷する」

急遽、商品が足りなくなるかもしれない、という状況に陥ったときには、近くのお店から別のお店に商品を移動することも少なくないという。お互いが、それを認識している。その仕組みがもともとある。

「これも成城石井の強みだと思っています。そういう文化が昔からあるんですね。欠品をさせてはいけない、という思いです」

店同士もライバルではないのか、店ごとの売上といったことはいいのか、それを聞いてみたところ、明確な答えが返ってきた。

「会社や店の都合なんて、お客様には関係ないことです。それこそ実際には、手間ひまかけて移動させるよりも欠品して、売上が少し下がったほうが、会社の利益としてはトクなのかもしれません。でも、それは違うよね、と考えるのが、成城石井なんです」

運んだ商品が全部売れたとしても、そのために発生する費用を考えれば、たしかに微妙だ。

「それでも持っていくんですよ。なぜなら、目的が違うんです。儲けるために持っていっているわけではないからです。お客様が必要だから持っていくんです。それが、成城石井の考え方なんです」

だが、結果的にはそれが跳ね返ってくる。顧客優先の姿勢は、必ず伝わる、と信じているのだ。

「だから、やり続けるんです。四つの基本の徹底です。牛乳が一日欠品したからといって、売上が下がるわけではないかもしれない。でも、いつ行っても、あの店にはいつも買っている牛乳があるよね、と思っていただけることが大事なんです。話題の商品もきちんと品揃えされているね、寒いときに食べたいものがあるね……。こういうところからしか、信頼関係は生まれないと思っているんです」

その信頼関係の蓄積が、成城石井を形作ってきたのだ。

「まだまだ足りないところはあると思います。でも、牛乳を切らしているお店はまずありません。豆腐も、卵も。基本的なものがなくなったら、お客様はどうするのか、と常に危機感を持っているから。これは、儲けの話ではないんです」

サービスも、サービスそのものが目的ではない。あくまで顧客の期待にどう応えるか。ここでも、まったく〝基本〟からぶれないのである。

# 第3章
# なぜ、独自の品揃えができるのか

## 「強い購買とセントラルキッチン」

### 白菜キムチ
成城石井のこだわり商品③

白菜の葉を開き、その 1 枚 1 枚に塩を振り、一晩寝かせ、余分な水分を抜く。通常は先に白菜を切ってから塩を振るが、白菜の切り口からうまみ成分が出てしまうので、成城石井では切らずに 1 株ずつ塩を人の手で振る作業にこだわる。塩を洗い流し、ヤンニャム塗り、漬け込み、カット、パック詰めまで一切機械を使わず、すべて手作業で行う。「辛いだけじゃない。味の深みが違う」「ビールにもご飯にも合う」と評判で、テレビで紹介された際は出演者から「これは食べてみたい」「売れるはずだ」「収録後に買って帰る」という声が上がっていた。

## 成城石井に行ってみたらきっとある、という期待

トレンドの先端を行く人たちによって、気になる商品がピックアップされることがある。ブログであったり、ツイッターであったり、雑誌であったり。

そんなとき、〝どこに売っているか〟と多くの人たちが気にし始めて、真っ先に探すのが、成城石井だという。とりあえず成城石井に行ってみたらあるのではないか、という期待だ。

実は店頭のみならず、メディアからも、そうした問い合わせを受けることが少なくないという。今この商品は扱っているか。売れ行きはどうか……。その理由は、成城石井が新しいトレンドにいち早く反応してきたからだ。

ここ最近の例でいえば、ココナッツがある。ココナッツウォーターに始まり、ココナッツミルク、ココナッツオイル、スナックも売れている。ココナッツミルクを使っ

# 第3章

# なぜ、独自の品揃えができるのか「強い購買とセントラルキッチン」

最近では売れ行き好調で品切れになることも多い「有機ココナッツオイル」

たタイカレーもヒットしている。

　ココナッツがこれほど注目されたのは、美容と健康に感度の高い世界のセレブたちが愛用していることが世界に知られたから。社長の原氏はいう。

「アメリカのビッグアーティストやハリウッドスターが、五〇歳を超えても、なぜあれほど若々しいのか。そこで話題になったのが、彼女たちがココナッツを飲んだり食べたりしていることだったんです」

　それ以前から、ブームの兆しを成城石井のバイヤーは感じ取っていた。四、五年前からブームが始まったメープルシロップもそうだったが、その前から、流れをつかんでいたという。なぜ、そんなことができるのか。原氏は続ける。

「隠れた優良商品を、世界中で探し続けているのが、成城石井のバイヤーたちなんです。だから、認知度が高まって人気が花開くときには、すでに店内に商品があることが多い。世界に出ていきながら、お客様のトレンドのかなり先を読み、それを日本に伝えることが彼らのミッションですから」

　成城石井の本社にいるバイヤーは約二〇人。カテゴリーごとに担当を持ち、毎月誰かが世界を回っている状態にあるという。展示会場に行ったり、マーケットや飲食店を巡ったり、マルシェを回ったり。

「本当においしいものを届けるために成城石井に何ができるか。それればかりを考えている集団ですね」

それは新しい商品に限らない。例えばチョコレートのようなオーソドックスな食べ物にしても、トレンドは着々と変わっていくという。

「そうした情報は生産国に行くとキャッチできるわけです。次はビターなものがいい、とか、ハイカカオがいい、とか。紅茶にもかなりトレンドがあります。渋めがいい、とか。紅茶の世界はイギリスにティーブレンダーと呼ばれる優秀なプロフェッショナルがいます。そういった方々とコミュニケーションをとることで、旬の情報が入ってくるわけですすね」

輸入業者や問屋に任せ、入ってきた商品を店頭に並べるだけなら、こうはいかない。自分たちで貿易会社を持ち、バイヤーが世界を飛び回っているからこそ、細かく変化していくトレンドがつかめるのだ。

「農協や市場を通じて仕入れているものもありますが、もちろん日本国内も巡っています。産地直送の野菜は、農協や市場を通さずに直接仕入れることを昔からやっていましたが、バイヤーが直接、会いに行って食べさせてもらって契約を取ってきているんです」

問屋を通さないシステムは、魅力的な商品を仕入れられるメリットもあるが、手間がかかる。

「市場から買ってしまえば、仕入れは一括で済みますからね。しかし、成城石井は農家ごとにコミュニケーションをとっています。ですから、生産者の顔が見えます」

有機栽培の野菜が人気だが、ひとつの生産者でニーズのすべてをカバーすることは難しい。また、季節ごとに入手できる商品も変わっていく。だが、全国の農家と取引がある成城石井は、産地を季節に合わせて少しずつずらしていくことで、安定供給を実現させている。日本列島を縦断しながら、有機野菜を仕入れていくのだ。

こんなことができるのも、問屋を通さず、膨大な数の農家と直接取引してきたから。その手間を、惜しまなかったからである。

## すべての店に行き渡らなくてもいい

では、どうして生産者は数ある小売業者の中から成城石井との取引を選ぶのか。産直の野菜もそうだが、成城石井が扱っている商品には稀少なものも多い。成城石井だから置いてもいい、成城石井でなければ置かない、と決めている生産者やメーカーもあるという。

とりわけ農作物などは、生産者の側も、問屋を使ったほうがメリットが大きい面もある。原氏はいう。

「成城石井がお取引をさせていただいているのは、作り手として相当なこだわりを持った生産者ばかりなんです。しかし、そのこだわりを、仕入れる側が必ずしも評価してくれるとは限りません。それこそ毎日、畑に水をやって丁寧に育ててきた人と、二日に一回しか水をやらない人と、買い取り価格も評価も同じでは、こだわりの生産者は作る意欲を失ってしまいます」

しかし、成城石井のバイヤーは、まさにそういうところを見る。顧客に語れるこだわりのストーリーがあるかどうか、を知りたいのだ。

「実は、お客様に自分たちのこだわりをしっかり伝えて売ってほしい、という生産者はたくさんいるんですよ。成城石井みたいなところで評価して売ってもらいたい、という声が、かなり大きいんです」

しかも、成城石井は安売りで勝負するスーパーではない。きちんとその良さを伝え、価値を維持したまま、生産者も納得する適正な価格で売ることができる。

成城石井は生産者に無理をさせないという。例えば、一一二あるすべての店に商品が行き渡らなければ取引はしない、ということはない。できた分、納得して出せる分だけ出荷してもらい、一部の店舗で販売する。

「一定の時期に全店に配荷できなければ取引できない、というのが、チェーンオペレーションの基本的な考え方なんですが、成城石井は違うんです。一部のお店だけでいい、作れる量でいい、この時期だけでいい、というお願いの仕方をします。そういうこともしていかないと、本当にいいものは、仕入れられないんです」

効率は悪いし、手間もかかる。しかし、そのための発注の仕組みも作り上げた。効率が先に来るのではない。おいしいものをどう届けるか、が先に来るのだ。

「それこそ、いいものができなかったから、その年の取引は中止したい、といわれることもある。それも引き受けます。去年これだけ売れたから、今年も早く出してくれ、といったようなことはいわないですね。納得しないものを店頭に出すのは、生産者のプライドに反することだからです。そういうことは、私たちもしたくない。来年いいものが作れたときに、ぜひお願いします、と申し上げています」

小さな産地にできるだけ負担をかけないようにする。そして仕入れた分はすべてを売り切り、返品はしない。最初は少量から取引を始めて、信頼関係ができてから取引を拡大していく。

「ありがたいことに、やがて生産者が別の生産者を紹介してくださるようになったりします。いい生産者は、いい生産者を呼ぶんです。そうやって、いい生産者との出会いが拡大していったのが、成城石井なんです」

## 二年がかりで生産者を口説いたケースも

大手の小売業のバイヤーというと、大きな権限を持っているようなイメージをつい持ってしまう。「仕入れてやる、売ってやる」と取引先に対する態度も横柄。そんな印象すらある。だが、成城石井は、まるで違うという。原氏はいう。

「必ず食べさせていただいて、納得してから、取引をお願いしています。そもそも、頭を下げて、成城石井に入れさせてもらう、というスタンスですから」

これは国内の取引でもそうだが、海外の取引で特に顕著だという。近年でこそ、成城石井の名前は海外でも知られるようになってきているが、かつてはまったくそんなことはなかった。一部のカテゴリーでは今なお知名度はない。

「だから、バイヤーは、お店で売らせてほしいと懸命に頭を下げることになるわけですね」

第3章
なぜ、独自の品揃えができるのか
「強い購買とセントラルキッチン」

海外の場合、成城石井の店舗内の写真を見せることが最も有効なのだという。成城石井がどんな商品を扱っているか。世界からどんな商品を輸入しているか。それが、一目瞭然だからだ。

「そうすると、生産者の目の色が変わったりするわけです。おお、このワインを……。このオリーブオイルを置いているのか……。この生ハムまで……と驚かれます。しかも、小さな店にチーズだけでも、ウォッシュチーズ、白カビチーズ、フレッシュチーズ、ハードチーズなど世界のチーズが入っている。大きな店が多い海外では、この小ささでこの品揃えはちょっと考えられないようです。〝この店はいったい何なんだ〟といわれることもあります」

世界の一流メーカーは、誰にでも売りたいわけではない。商品の価値を知り、理解し、自分たちも認める顧客に売ってほしいと思っているメーカーも多いのだ。

そして購買の実力は、置かれている商品で判断される。〝日本の小売店が、あのメーカーと取引をしているのか〟という驚きが広がるという。だが、それでも簡単には取引をしてもらえるとは限らない。

「今、お店で大ヒットしているパルミジャーノ・レジャーノというチーズがあります。

これは本当においしいチーズなんですが、バイヤーが初めて訪問してから、取引が始まるまでに足かけ二年かかっているんです。世界で本当においしいものを輸入するのは、それくらい難しいということなんです」

だが一度、信頼を獲得できれば、それが次につながる。いい取引先だと認知してもらえれば、グローバルレベルでも〝こんなメーカーもある〟と生産者から紹介を受けることも少なくないという。

生産者にとって、成城石井は日本ではメジャーな存在になった。成城石井と取引ができることは、厳しいバイヤーの目利きをクリアしたことを意味する。それ自体がブランドになる。

実際、成城石井と取引を始めたことで大手小売業との取引が始まり、逆に成城石井との取引が減ったり、なくなってしまうケースもあるという。

「生産が拡大することで、生産者に変化が起きてしまうこともあります。私たちが求めるこだわりが消えてしまったとしたら、成城石井としては取引をすることはできません。お客様の期待に応えられないからです」

品質が落ちてしまえば、成城石井は取り扱いをもうしない。そういう商品も、実際にあるという。そこまでシビアに、仕入れる商品を判断しているのだ。

## バイヤーは決してブランドに左右されない

バイヤーは一度の海外出張で、一人が二、三社は新規開拓してくるという。年間で二〇から三〇にもなるそうだ。

海外でも国内でも、バイヤーが出張から戻ってきたら、報告会が開かれる。そこで、優先順位をつける。

「これぞ、と思ったものを、みんなで〝S、A、B、C〟の四段階で評価し、どこから仕入れていくかを決めていきます。今は、このトレンドはまだ早いな、と思えば、少し先のものとして考える。すぐにでも来そうだ、ということであれば、優先順位は高くなる」

それから一カ月も経たないうちに、サンプルが用意され、おおよその値段も出るという。その上で、いつまでに仕掛けるか、を決めていく。一方で、原材料や製造状況を確認したい場合には、手間を惜しまず工場まで見に行くこともあるという。

もちろん、いつもトレンドが読み切れるわけではない。常にチャレンジするだけに、失敗もある。早すぎた失敗だ。

「ようやく最近になって目立つようになりましたが、モッツァレラチーズを燻製しているスカルモッツァというチーズがあります。ちょっと焼くとものすごくおいしくて、今はヒットしているわけですが、これを成城石井が取り扱ったのは、五年も前だったんです。その頃は、ちょっと早すぎてまったく売れなかった」

トレンドは大きな世界の流れを見ながら読んでいるという。しかし、消費者が潜在的に〝こういうものが欲しいなぁ〟と思っているくらいでは、ちょっと早すぎる。これでは、一歩先だという。そうではなくて、半歩先くらいがちょうどいいというのだ。

「ただ、その見極めがものすごく難しいんです。ファッロという小麦は今、サラダに使われたりして人気が出始めているんですが、これも扱いを始めたのは十数年前でした。以来、ずっと少しずつ扱いを続けていたら、とうとう時代が追いついてきたんです。最近は売れるようになってきました」

興味深いのは、バイヤーは決してブランドに左右されない、ということである。どんなにブランドとして評判がよかったとしても、必ず自分で食べ、話を聞いて判断する。どんな原材料を使っているのか。どんな作り方をしているのか。どんな熟成を、発酵をさせ、どんな殺菌を、洗浄をしているか。商品の選別をどうしているか。どんなパッケージなのか……。ストーリーを確かめるのだ。

「ブランドが有名だとか、そういうところには関心はないんです。実際、昔はブランド力があったけれど、手作りではなく機械作りに変わっていて、かつての価値がなくなってしまっている場合もある。だから、有名ブランドだから扱う、ということはないですね。ブランド力を買うのではなく、製造工程のこだわりであり、ストーリーを買うんです」

そこまでのものだから、店頭でも決しておかしな扱いをしたりはしない。こだわりの日本酒の売り場は、冷蔵庫の上の蛍光灯がしっかり消されていたりする。蛍光灯の紫外線が酒の品質を落とすからだ。この売り場を見て、〝電気がついているような店にウチの日本酒を置かせなくて良かった〟と生産者にいわれたこともあったという。

「店舗は常にイノベーションをしています。過去の成功体験だけでやっていたら、絶対にダメになるという危機感を持っています。だから、品揃えを担うバイヤーは責任重大なんです」

## プライベートブランドの押し売りはしたくない

もうひとつ、バイヤーが活躍する場が、成城石井が「オリジナル商品」と呼んでいる、プライベートブランド商品だ。プライベートブランドとは、小売業者が自分たちの希望を伝えて、生産者に作ってもらう商品。まさに自社ブランドの商品である。

「成城石井は、自分たちが求めるこだわりの商品を世界中で追い求めているわけですが、満足のいくものがどうしても見つからないことがあるんです。だったら、自分たちで作ってしまったらどうか、という考えで生まれたのが、オリジナル商品でした」

オリジナル商品は、直輸入品、自家製を含めて、すでに二三〇〇点から二五〇〇点にも及ぶ。味噌、ポン酢、牛乳、キムチ、ジャム……。プライベートブランドに関して、成城石井が他の小売業とまったく違うところがある。それは、決して大きな主張をしない、ということだ。

実際、どの小売業のプライベートブランドも、自分たちの会社のロゴマークを前面に大きく打ち出し、店内の目立つところに陳列されていたりする。自社開発している分、その商品を売るのが一番儲かるからだ。しかし、成城石井のオリジナル商品は、〝成城石井〟のロゴマークこそ入っているが、小さくほとんど目立たない。店内でも、同じカテゴリーの商品とただ横並びで置かれている場合が多い。

顧客の中には、成城石井のオリジナル商品と気づかず、成城石井がセレクトした銘品と思って買ったり、そもそも成城石井にプライベートブランド商品があることすら気づいていない顧客もいるという（まさに私がそうだったのであるが）。社長の原氏はいう。

「プライベートブランド商品の押し売りはしたくないんです。買い物というのは、選ぶ楽しみがあるわけですよね。それを店の中に必ず残しておきたいと思っているんです。イチゴジャムひとつとってみても、国産のイチゴがいいのか、その中でもあまおうのイチゴがいいのか、低糖度がいいのか、それとも糖度の高いものがいいのか。お

オリジナル商品も他の商品とまったく同じように置かれている（手前の棚の真ん中がオリジナル商品）。大切なのは顧客に「選ぶ楽しみ」を提供することだという。

客様の嗜好はさまざまなんですね。そこに正解があるわけではない。そして、どの商品を選んでも、高いクオリティのものが用意されていることが何より大事だと考えているんです」

もし味を比べてみて、結果的に成城石井のオリジナル商品を選んでもらえたとすれば、それはありがたいことだという。いろいろ選んで使ってみて、気がつくと、成城石井のオリジナル商品が一番気に入っていた、というのが最もうれしいことなのだそうだ。オリジナル商品は本当に徹底的にこだわって作られているからである。

## 「砂糖を使わないジャム」

オリジナル商品の中で、ぜひ紹介しておきたいのが、ジャムだ。売り場には二〇種類、三〇種類が置かれていることもあるジャムの品揃えは本当に充実している成城石井だが、オリジナル商品に、こんなものがある。〝砂糖不使用〟。だが、糖度は四五度



※本来はこの場合「フルーツスプレッド」が含まれますが、本書では「ジャム」に統一しています。

もあるジャムだ。

　そもそもジャムとは保存食であり、砂糖を大量に入れて果物とぐつぐつ煮込んで作るものだ。それなのに、砂糖が使われていない。ジャムの常識を覆すものである。しかも、砂糖を入れないので甘味が足りなくなるかと思いきや、糖度は四五度もあるのが、成城石井オリジナル商品のジャムなのだ。

「ジャムは、安く作ろうと思えば、いくらでも安く作れるんですね。砂糖をたくさん入れればいい。保存食ですから、砂糖を入れるのは、悪とされていない。そうすると、砂糖で糖度を高めた安いジャムができ上がるんです」

　つまり、安価なジャムはフルーツの量が少ないのだ。ラベルを見ると、原材料が砂糖から始まっている商品は、ほとんどそういうジャムなのだという。

「ラベルに最初に表示されているのが、一番多い材料です。砂糖が最初に書かれているジャムは、いってみれば、フルーツではなくて、砂糖を食べているようなものなんです。一方で、ジャムの糖度を気にされる人も少なくない。身体の事情もあって、糖度をもっと落としたジャム、もっといえば砂糖不使用のジャムを求められる方もいらっしゃるんです。

砂糖不使用の「成城石井オールフルーツスタイル」

では、砂糖を入れずにフルーツだけで糖度が出るのかといえば、実は難しい。贅沢にフルーツを使い、甘さを保つというのは、ものすごく難しい技術なんです」

だが、その難しい技術を使って作られているのが、〝砂糖不使用〟糖度四五度の成城石井オールフルーツスタイルだ。ここでも、強いこだわりから商品が生まれていたのである。だから、わかっている人には〝これはすごい〟〝これでこの値段は安い〟ということになるのだという。実際、砂糖だらけのジャムとはまったく味が違う。本当においしいのだ。

「砂糖を使わずに甘さを出すわけですから、手間がとんでもなくかかる。メーカーも嫌がります。それでも頑張って作ってもらいました」

ここでも背景には、顧客が自分のタイプに合わせてジャムを選べる売り場を作りたかった、という意思がある。ジャムの売り場には同じようなものが並んでいるように見えるが、成城石井の売り場は違う。顧客のニーズをその場で聞いて、ピンポイントで提案できるものが並べられているという。

「お客様の数だけ存在する細かなニーズに対応した品揃えができている店は、そうそうないと思います。数があるところでも、砂糖がたくさん入ったものが何種類も安く売られていたりするくらい。それでは、いろんなニーズに応えられないわけです。値段の要素だけではなく、品質の要素を探しに来るお客様に、成城石井はきちんと向き合いたいんです」

ヨーロッパには、オールフルーツの製品は普通に置かれているという。

「今ならフランスのサンダルフォーが人気でしょうね。こういうトレンドを、今度は日本風にアレンジして、糖度を少し下げたり、原料を変えて果汁分を多くしたり、固形量を多くしたり、日本の味覚に合わせたものを自分たちで作ってみたいと思っています」

ヨーロッパの味覚をそのまま持ってくる場合と、日本風にアレンジしてオリジナル商品で展開する場合と。この両方ができてしまうことが、また成城石井の大きな強みなのだ。ワインにしても、現地で売られているもの以外に、現地の醸造家と成城石井が話し合い作るタイプなど、何種類かの仕入れの流れがある。

かつてバイヤーだったという原氏だが、食のトレンドが激しく変化していく今、現役のバイヤーをやるのは、かなり難易度が高いと語る。実はバイヤーは、極めて難しい仕事なのだ。

## 求めるものが作ってもらえないから、自分たちで作った

世の中になくて仕入れられないのであれば、自分たちで作ってしまおう。プライベートブランドと同じ発想で生まれたのが、成城石井オリジナルの総菜だ。

スーパーでは食品工場などへの外注で総菜を品揃えしているのが一般的な中で、成

城石井はまだ一店舗しかない頃から、自社オリジナルで総菜を作っていたという。社長の原氏はいう。

「本当においしいものを、いいものを届けたいと考えたとき、その延長上にあったのが、お総菜でした。おいしいシュウマイやソーセージ、お弁当などをお客様に提供したい。ただ、成城石井には、ここでも強いこだわりがあるわけです。例えば、原料にもこだわりたい。合成着色料、保存料などを使わないものを出したい。ところが、そういうものを調達しようにも、どこにもなかった。工場に作ってほしいとお願いしても、コストが合わないし、面倒だからと、どこも作ってくれなかった。だから、自分たちで作るしかなかったんです」

はじめは成城店で作った総菜を周辺の店にも配送していた。だが、店舗数が増えてくれば、成城店のキッチンで作るにも限界がある。そこで立ち上がったのが、セントラルキッチンだ。一九九六年のことである。このとき成城石井はまだ数店舗。ところが、大きな投資をして、総菜を作る工場を建設してしまったのだ。

「すべての成城石井の仕組みは儲けようと思って作っているわけではないんです。お客様に喜んでもらうためにどうすればいいかを考えてできているんです」

店頭で総菜を見てみれば、他のスーパーやコンビニとは、まったく違うものが並んでいることにすぐ気がつく。自社で企画し、開発し、製造している総菜。メニューも本格的だ。

シュウマイやポテトサラダなど一般的なものもあるが、二月の店頭にはこんなものが並んでいた。「ブロッコリーの海老おぼろ入りタルタルサラダ」「春キャベツとメークインのタッカルビ」「アスパラとナスのペンネアラビアータ」「黒毛和牛と根菜炒めのチャプチェ」「春キャベツと豚バラのスンドゥブチゲ春雨」「ココナッツミルクと有頭海老のレッドカレー」……。ちょっと他のスーパーやコンビニではお目にかかれない、本格的な料理なのだ。原氏はいう。

「例えば、麻婆豆腐にしても、山椒の効いた本格中華の麻婆豆腐です。初めて食べた方は驚かれます。これがスーパーの総菜なのか、と。もちろん好みもありますが、重視しているのは、余計な添加物を加えないことや素材にこだわること。本格的であること。その意味では、万人受けを狙っているわけではないんですね。フォーにしても、パクチーがどっさり入っています。でも、一つひとつ手作りしている、手間ひまのかかった商品なんです」

## 一流の料理人が作っている「家庭の味」の本格総菜

成城石井の自社工場「セントラルキッチン」は東京都町田市にあり、総菜とハム、ソーセージ、パン、デザートを製造し、総勢で四〇〇人ほどが働いている。作られている総菜や加工食品は、二〇〇種類以上にものぼる。全国一一二店舗には、このセントラルキッチンで作られたものが、ここから直接、専用トラックで運ばれている。

それにしても、どうして本格的な総菜を作ることができるのか。セントラルキッチンのトップでもある、常務執行役員製造本部本部長の小川学氏に話を聞いた。

「それは、プロの料理人が作っているからです」

一流ホテルや一流レストラン、和食店などで働いていたプロの料理人が作っているのが、成城石井の総菜なのだ。

それこそ、自分で店を出せるレベルの人たちもいるという。それにしても、そんなプロたちが、どうしてスーパーの食品工場にいるのか。

「ひとつは、飲食業とは違う魅力が、小売業にはある、ということです。例えば、レストランを自分で経営したとしても、お客様はせいぜい一日一〇〇人。しかし、成城石井で売る数は、スケールがまるで違います。例えば、人気のココナッツミルクと有頭海老のレッドカレーは、一日一七〇〇個出ます。本物の羊の腸を使ったポークウインナーは一日四〇〇〇袋。レーズン入りのプレミアムチーズケーキも一日四〇〇〇本売れる」

普通の個店単位のレストランでは、ありえないスケールでおいしさを提供できるということだ。

「それともうひとつは、いい食材を扱える、ということです。成城石井には、こだわりの食材も多い。また、小売業のスケールメリットを活かして、個店より安く具材を仕入れることができます。いい原材料を使って、リーズナブルな価格で提供できる。料理人にとっては、これは大きな魅力になっているようです」

こうした一流の料理人たちが開発にしのぎを削っているのが、成城石井の店頭に並んでいる総菜なのだ。

総菜は基本的に持ち帰り、家で食べるもの。そのため「家庭の味」を大事にした味つけになっているという。その中にもプロの技術が使われている。

## 一日二五〇〇個のジャガイモが手むきされている

セントラルキッチンの内部を見学させてもらった。衛生管理は極めて厳しい。靴のサイズを聞かれて不思議に思っていたら、来客者用のスリッパから、内部見学者用の靴へと履き替えることに。そして手渡されたのは、足元からすっぽりと身体を覆う、真っ白なツナギ状の衣服。これを身にまとった上に髪を留める網をかぶり、さらに衣服のフードをすっぽりかぶった上からマスクをつける。

指の一本一本まで念入りに消毒液で洗った後は、コロコロクリーナーで全身からくまなくホコリなどを取り去るが、これだけではない。入り口のドアが開くと、そこは三メートル四方ほどの小部屋。左右数カ所から強い風が出てくる穴が開いており、強い風を浴びて身体についたものを吹き飛ばす。これが終わって、ようやくセントラルキッチンの中に入ることができた。

大型の調理器具などがたくさん並ぶ中で、小川氏から説明を受けた。驚くべきは、ほとんどが本当に手作りされていることだ。小川氏はいう。

「味に影響のない、効率化できる部分は機械を使っていますが、極力、手作りに近いですね。大型の機械で自動的に何かをする、というのは、ほとんどありません。ご覧になられて驚かれる方も多いんですが、本当にそうなんです。でも、手作りの品質は高いと思います」

実際、目の前では調理が行われていた。一〇個ほど並ぶ大鍋のひとつでチャプチェが作られている。大きなヘラ状の調理器具を回しているのは、メニューの開発者本人。本当に手作りされているのだ。

「基本的に多品種少量生産ですから、大きな機械を入れてしまうと逆にコストがかかってしまいます。メニューもどんどん変わっていきますから」

大きな機械を入れたから、それで作れるものを作る、というのではない。作りたいものを作るために、効率は悪くとも機械は入れない、ということだ。この仕組みが、頻繁に新しいメニューが出てくる、成城石井の総菜売り場を実現させている。

「機械を使っているものもあります。でも、機械でできあがってパックして完成するようなものはありません。ソーセージも、肉を充填《じゅうてん》する作業は機械ですが、それを燻製するスモークハウスに入れるのは、人間の手で行っています。袋に入れたりするのも手作業です」

機械を入れていないのは、もうひとつ理由がある。味へのこだわりだ。例えば、ポテトサラダを作るプロセスで、ジャガイモは手で皮をむく。

「便利な機械もあるんです。ジャガイモをたくさん入れてゴロゴロ回すと、内側にカンナのようなピーラーがついていて、皮をむいてくれる。そうやって機械で皮をむいたジャガイモを蒸して、つぶしてポテトサラダにする。大量生産をするには、そうしたやり方でポテトサラダを作っているところは多いかもしれません。しかし、ここではそういうことはしません」

先にジャガイモを蒸し、やわらかくなった皮を一つひとつ手むきしているというのだ。

「ジャガイモは、皮の真下が一番おいしいんですよ。機械を使うと、そこまで削って

機械を使わず手で皮をむくポテトサラダは、
ジャガイモの味が深いと評判だ。

しまうことになります。これでは、味がまるで変わります」

ポテトサラダは人気の定番商品。なんと一日五〇〇から六〇〇〇キロ、二五〇〇〇個ほどのジャガイモが手むきされているという。

「みんなで並んで手で皮をむきます。このポテトサラダのレシピも、もともと一流ホテル出身のシェフが作ったものでした」

ポテトサラダはほんの一例。あらゆる商品に、こだわりと手間が詰まっている。

「ご好評いただいているプレミアムチーズケーキも、レーズンが入っているために、機械が使えないんですね。だから、手で詰めるしかないんです。それでもやります。開発者の魂は、いいものを作りたい、ということ。成城石井では、それがすべてですから」

ここまで手が込んだ商品。そのストーリーがわかれば、高い支持も納得である。

## マーケティングリサーチはあまり意味がない

ポテトサラダやシュウマイのような定番商品もある一方で、店頭に並ぶ総菜は季節などに合わせて次々に変化していく。ヒットしたのであれば、それを出し続けてもいいのではないかと素人には思えるが、それほど甘い世界ではないらしい。

「必ず廃れますね。例えば和食では、売れ行きトップは季節ごとに入れ替わってしまいます。中華でも、シュウマイこそ通年でだいたいトップですが、三位以下はだいたい入れ替わります。洋食類も入れ替わり、五位にポテトサラダが入っている、という印象でしょうか。いずれにしても、どんどん入れ替わっていくんです」

新しいものが出てこないと、とたんに売れ行きが鈍るのだという。厳しい世界なのだ。常に新しいものを作っていかなければ飽きられてしまう。だが、成城石井の総菜は絶好調を続けている。これこそ、新商品の開発力の高さの証明でもあるわけだが、それも簡単なことではない。

新しいメニューを作るための検討会は、月に四回、つまりは毎週のように行われているという。

「旬の食材や、輸入食材など成城石井が得意な食材、さらには仕入れのメリットのある食材を各担当者が事前に耳に入れて、それに基づいた商品を中心にアイディアを練っていきます。検討会でいきなり高い評価を得るものばかりではありません。改善点が指摘されて、次にまた出して、ということもある。しかし、四回出して評価されないと、そのアイディアはもう厳しいですね」

レシピの開発者は、おおよそ二〇人。月に三〇ほどのアイテムが世に送り出されるという。実際、年間三五〇ほどが新しいアイテムになっている。端的に一日にひとつ。これは相当なペースだ。

大ヒットすればインパクトは大きい。開発者には報奨金も出るそうだが、結果的に出てくる数字が、開発者のモチベーションを大いに高めているという。

「部門に分かれていて、ライバル心も出てきますからね。どんなに自分たちがおいしいと思っても、お客様が買ってくださって数字が上がってこない限りは、納得できない世界なんです」

しかも、食のトレンドもある。先に触れたココナッツも、実は過去に何度もチャレンジしてうまくいかなかったのだという。ところが、ココナッツブームがやってきて、とうとう大ブレイクするに至った。

先にも紹介した「ココナッツミルクと有頭海老のレッドカレー」は、一般社団法人新日本スーパーマーケット協会主催の「スーパーマーケットお弁当・お総菜大賞二〇一四」で、見事、丼部門の大賞に選ばれている。

この賞ではもうひとつ、デザート部門で「北海道えびかぼちゃの濃厚パンプキンプリン」も大賞を受賞。こちらも大ヒットになった。過去にもたくさん受賞歴がある。

「不思議なことなんですが、絶対にダメな商品もあるんですね。デザートでいえば、チョコレート系ではヒットが出ない。何度もチャレンジをしているんですが」

ちなみにこのときもマーケティングリサーチのようなものはまったくやらないという。

「あまり意味がないと思っています。消費者リサーチでわかるのは、欲しいか、欲しくないか、の判断だけです。次に何が欲しいのかは、明言されるものではない」

今も一流の料理のプロによる懸命な商品開発が日々、行われている。だから、店頭に新しい総菜が並んでいくのだ。

## 「できたてを食べてもらえない」前提で作る

相当な数のアイディアから、厳しく絞り込まれるのが、成城石井のお総菜アイディア。最終的にゴーサインを出すのは社長だという。原氏のＯＫが出ないと、店頭には並ばないのだ。原氏はいう。

「食べますね。これは、食べないとダメだと思っています。商品開発で難しいのは、いろんな人にいろんな意見があることなんです。でも、誰かが最後に決めないといけない。ならば、自分がすべて食べて、自分が責任を取るべきだと思ったんです。多数決なんか、とっても仕方がない。成城石井の味はこれだ、というのを決める人がいないといけない。誰かが、それをやらないといけないんです」

しかも、評価はかなり厳しいという。検討会では、半分くらいがダメ出しされるのだとか。原氏は続ける。

「難しいのは、お客様にはできたてを提供できない、ということです。スーパーの総菜は、五時間、一〇時間経ってもおいしいか、が問われるんです」

しかも、開発は店頭に並んだら終わり、にはしないと原氏はいう。

「店頭に並べてみて、変化を確かめます。見た目もそうですし、味もそうです。時間が経過したものを食べてみて、これはやっぱり量産をすると味のイメージが変わった、と感じるものもある。そうすると、塩を足してもらったり、トッピングを変えてもらったり、ソースを多めにしてもらったり。どんどん改善していくんです」

ここまでやるのだ。さらにもうひとつ、開発にあたってこだわっているのが、高級感を維持することだという。価格の安さではなく、プロの料理を味わってもらうことだ。

「もちろんコストも重要ですが、そこを意識させてしまうと思い切ったものが出てこない。アイディアが縛られてしまうんです。だから、まずは青天井に理想を考えてもらいます。コストダウンは後から考える。そうでなければ、いいものは出てこないですね」

メニュー開発がトップの目線から発想されている。トップ自らが味わい、決断する。

これも、成城石井のセントラルキッチンの大きな特徴である。

「最後に誰が責任を取るのか。これが生命線だと思っています。成城石井に置く以上は、その軸をずらせない、という思いは強い。絶対に、です。これがずれた時点で、信頼して買っていただいているお客様を裏切ることになる。信頼を守るためには、線の引き方が何より重要なんです。売上が欲しいから、粗利がいいから、原料がないから手に入るところのもので、といったようなことにもなりかねない。素材から何から徹底的にこだわって、妥協しない。もし、どうしてもあきらめちゃうようなところがあるなら、出さなくていい、と」

それをトップが貫けるか。従業員の努力を見ていても、だ。

「サンプルを何回も出し直して、開発が頑張っているから出そうか、なんてことをやってしまうと、すべての信頼を崩してしまう。すべてはお客様目線で判断して、お客様に喜んでもらえるかどうかで、決めないといけないんです」

## 自分の家族や子どもに食べさせたいか？

セントラルキッチンで作る総菜へのこだわり。それは、味だけにとどまらない。食の安心安全への取り組みだ。

今でこそ食の安心安全は、社会の強い関心事になった。しかし、成城石井はそのはるかに前から、安心安全へのこだわりを持っていた。

もとより成城石井がセントラルキッチンを作ったのは、成城石井が求める安全安心の厳しい基準に応えられる工場が見つからなかったからだ。添加物や化学調味料をできるだけ使わない。社長の原氏はいう。

「食の安心は今やトレンドです。安心安全を求めない、という人はまずいないと思います。でも、それを本気で目指せるか、ということだと思うんです」

例えば、賞味期限を長くしたいために保存料を使う。色をよく見せるために合成着色料を使う。自分たちが本当に大事にしたいのは何かがぶれていくと、そういうことが起こりうる。

「考えはいくつもあっていいと思っています。例えば、ひな祭りだから、ちらし寿司は華やかなピンク色が使われているほうがいい、と考える人もいらっしゃる。一方で、不自然なピンク色がひな祭りの食材の中に入ってくることがハッピーなのか、と考える人もいる。自分の子どもに食べさせるなら、少しピンクが黒ずんでもいいから、天然の着色料のほうがいい、と」

ここでも大事なのは、選択ができることだ、と原氏はいう。その価値判断を求めることはしない。ただ、一方を選択したいという人がいたときに、そこに合わせられる存在でありたい、と。

「きれいなピンクをちらし寿司に入れたら華やかに見えるから、という考えと、これは合成着色料が入っているから子どもには食べさせたくない、という考えと。私たちは後者なんです。なぜかといえば、安全安心なものを、やっぱり自分の子どもに食べさせたいと思うから」

成城石井が安心安全を考えたとき、常にいい続けているのは、この視点なのだという。果たして自分の家族や子どもに食べさせたいか、だ。

「今の小売業では、日持ちさせるために、いろいろなものが使われている。でも、それは誰のためなのか。お客様のためではない、ということに気づく必要があると思うんです。販売する人たちがいかに日持ちさせて効率良くビジネスができるか、ということではないでしょうか。そしてそれはお客様のためではないのではないか、という面も考えないといけないと思うわけです」

本当の安心安全を届けるためには、販売は苦労する。保存料が使われていなければ、賞味期限は短い。

「それを売るのが大変だ、面倒だ、と外から仕入れた保存料がたくさん入っているものを売る。そんな考えがちょっとでも浮かんだ瞬間、成城石井のビジネスは成り立たなくなるんです。保存料が入ってないんだから当たり前だよね、入ってないんだもの、短い期間で売るしかないんだよね、という考え方に変わっていかないといけない。でも、これは難しいですよ。売る側にすれば、どうしてもラクなほうを選びたくなりますから」

どうして成城石井が安心安全にこだわったのか。原点は家庭の料理にあったという。

家族のために料理を作るとき、果たして保存料を入れるのか。添加物を入れるのか。家で入れないものを、どうしてお店で売るものには入れるのか。おかしいじゃないか、と。

親子二代にわたって成城石井の顧客になり、子どもが生まれて初めて、どうして自分の母親が成城石井にあれほどこだわってきたのか、ようやくわかったという顧客がいたという。自分の子どもに何を食べさせたいか。その思いで成城石井を眺められたからだ、と。母親の愛情を、そのとき初めて強烈に実感したと語ったそうである。ここなら、子どもに本当に安全なものを食べさせられる、と。

二〇一二年から、セントラルキッチンでは安心安全のさらなる強化を図った。すでにおよそ半分の商品が、化学調味料不使用。そしてすべての商品に合成甘味料、保存料、合成着色料が一切使われなくなっている。

安心安全へのこだわりがこれほどまでに高まっているといいながら、果たして世の中の現状はどうか。食品に貼られたラベルに、しっかり目を凝らしてみたほうがいい。

## 時代が成城石井に追いついてきた

バブル崩壊以降の二〇数年、ＩＴ化なども手伝って、日本企業は徹底的な効率化を推し進めてきた。規模の論理によるＭ＆Ａなども加速した。

成城石井がやってきたのは、こうした流れとは、まさに逆行したものだったのではなかったか。社長の原氏はいう。

「成城石井の成長が現在加速していて、好業績をいただけているのは、むしろ、その逆行が評価されたんだと思っています」

効率が悪く、面倒なことばかりやってきた。大量生産品を売るのではなく、少量多品種にこだわってきた。きっとこういうものを求めている顧客がいるに違いない、と尖った品揃えをした。効率良く儲けようとするのではなく、不器用に、愚直に、とにかくひたすら顧客が求めているものに向き合ってきた……。

「ビジネスの常識からすれば、変わったことをやってきたんだと思うんです。でも、ベースにあったのは、本当においしいものをお客様に届けたい、という気持ちだけでした。その気持ちを、より多くの方に理解していただける時代になったんだと思っています」

高級品が当たり前のように売れた好況期のバブル時代に大きな成長を遂げたのなら、話はわかりやすい。だが、むしろ逆なのだ。成城石井は、日本の不況期、デフレ期に入ってから、成長していったのだ。

バブルの時代は、高級品が飛ぶように売れていった。だが、バブルが終わると、消費者の目はシビアになった。ただ、いいものが売られている、というだけでは、反応してもらえなくなっている。

「成城石井はバブルの頃も、いいものを安く提供するにはどうすればいいのか、ということばかりを考えていたんです。そこにはまったくブレがなかった。

いいものを見る目をお持ちの方が増えて、値段をシビアに見られるようになって、そんなときに〝成城石井は手頃な値段で買えるよね〟ということになったのだと思っています」

第3章
なぜ、独自の品揃えができるのか
「強い購買とセントラルキッチン」

実際、セントラルキッチンにしても、稼動したのは一九九六年。バブル崩壊後、日本が最も苦しい状況を迎えたときである。

「おいしいものをお求めやすく提供するために走り続けてきただけなんです。儲けようと思って工場を作ったわけではない。貿易会社も同じです。特別な商品を仕入れるため。保管センターもすべて自分たちがコントロールしたかったから作ったんです。お客様のため、という以外ないんですね」

そしてデフレの時代に入り、安売り旋風が吹き荒れた。価格ばかりがフォーカスされ、安かろう、悪かろうの商品も大量に出回った。

「その大きな反動が今、来ているのだと思っています。安かろう、悪かろうに、もう人々は疲れてしまったのではないでしょうか。ちょっといいものが欲しい。特別なものが欲しい。新しいものが欲しい。変わったものが欲しい。そんなときに、成城石井を見つけていただいたのではないか、と」

たしかに成城石井には、高価格の高級品も少なくない。しかし、ただ高級なものが置かれている、と成城石井を捉えたら間違える。顧客が求めているものを追求し続けてきたのが、成城石井なのだ。

その意味では、成城石井のスタンスは過去とまったく変わっていない。変わったのは、世の中のほうである。その価値に気づくことができる人が増えていったということだ。

そして、周囲の小売業は簡単には追いつけないだろう。いいものは、簡単には仕入れられないからである。

第4章

# どんな場所にも出店できるスーパー

## 「強い経営と店舗開発」

**成城石井牛乳**

**成城石井のこだわり商品④**

一般に流通している牛乳の多くが「高温殺菌」だが、成城石井は「牛乳本来の味わいを活かしたい」と、低温殺菌の牛乳も販売する。高温殺菌が120℃で2秒程度で済むのに比べ、低温殺菌は65℃で30分かけて行う。高温殺菌に比べ殺菌力も弱いため、搾りたての新鮮な牛乳をすぐに殺菌しなければならず、賞味期限も短いが、いわゆる「牛乳臭さ」がなく、匂いも味もまったく違うと評判。

## 海外でフルーツの収穫労働を経験した社長

二〇一〇年から成城石井の社長を務めているのが、原昭彦氏だ。一九九〇年に大学を卒業し、二店舗しかなかった時代の成城石井に入社している。社長就任時は四五歳の若さ。今の成城石井を体現する、まさにミスター成城石井である。原氏は語る。

「もともと実家が八百屋で商売に関心があったんです。成城店まで自転車で一五分くらいのところに住んでいまして。私が子どもの頃から、グレープフルーツなど当時としては面白いものを直接輸入していたりしていて、ちょっと他とは違うスーパーだな、と感じていたことが最初の興味でした」

入社してから、関心はますます高まった。小さなチェーンなのにPOSシステム（販売時点情報管理）が導入されていた。二店舗しかないのに共同配送をやろうとしていた。問屋に任せればいいのに、自社で物流センターを作ろうとしていた。また、本格

# 第4章 どんな場所にも出店できるスーパー「強い経営と店舗開発」

成城石井の社長を務める原昭彦氏。

的な総菜を店の中で作っていた。ワインの輸入にも力を入れていた。品物は世界中からバイヤーが仕入れていた。

「市場で一〇〇円で買ったものを一五〇円で売るような商売とはまったく違うな、と改めて思いました。スーパーというのは、そういうビジネスだと私は思っていましたから。でも、成城石井は、調達がまったく違った。こういう差別化された商品、価格の違いしか訴求できないのとは違う商品を扱っている商売は、これから伸びるんじゃないかと思いました」

自転車で通勤するつもりだったが、最初の配属は青葉台店。二年弱、青葉台店に勤務した後、成城店に異動して二年勤務した。

「売り場を任されると張り切るわけです。でも、まだ何もわかっていませんから、きっとこういうものが売れるだろう、と価格の安いものばかり前面に置こうとする。そうすると、つまらない売り場になるんですね。実際に少しは売れるんですが、そこに本部から伝説のバイヤーと呼ばれる当時常務だった嶋崎美枝子さんがやってきまして。売れているのに、全部売り場を変えられてしまうわけです（笑）。その意味がわかったのは、しばらく経ってからでした」

そして入社五年目、原氏は会社を休職して、一年弱オーストラリアに行っている。

「実家の八百屋をやろうと思ったんですが、会社が辞めさせてくれなかったんです（笑）。親にも退職は大反対されまして。バブル崩壊後のご時世に、何をいっているのか、と。ただ、違う世界が見てみたかったんですね。それで一年間、休職してオーストラリアに行くことにしたんです」

だが、これが後に活きる貴重な経験となる。

「オーストラリアは基本的にイギリス文化です。日本で西洋の文化が広まったといっても、現地で体験してみると、これがまるで違うわけです。シリアル、パン、ピザ、ワイン……。まず実感したのが、日本みたいに豪華な食事はしないこと。質素なんですね」

だが、質素な中に豊かさがあった。シリアルには豊富な種類があった。シンプルなパンにつけるジャムの味わい深さ。鮮度の高いフルーツ。そして食卓にすっかり定着していたチーズやワイン……。

「ワインって、ものすごくカジュアルなんですよ。特別なときに飲むものではないんですね。チーズも同じ。ディナーの前、テーブルにさっとナチュラルチーズが出てきて、ワインがポンと置かれる。こういうスタイルって、素敵だなぁ、と思いました。当時の日本には、まだなかった感覚でしたね」

いずれ、ワインやチーズは絶対に日本でブームになる、とこのとき確信したという。一九九〇年代半ばのことだ。そして、このときファームステイも体験している。グレープフルーツを収穫するアルバイトだ。

「いやもう、本当に大変でした。毒蜘蛛みたいなのが、たくさんいましてね。でも、これも貴重な経験でした」

海外の農場で、フルーツの収穫労働者を経験している。そんな小売りの経営者はそういないに違いない。

## 顧客に最善の選択をしてもらうために

成城石井では、何を売っていくか、という店舗戦略の大きな枠組みは原氏の主導のもと、本部が作り上げている。その最も重要な舞台となっているのが、毎週月曜日の午後、二時間にわたって行われる経営会議だ。

先に、店舗において「四つの基本」がどのくらいできているか、ミステリーショッパーによって出された数値をまずチェックするところから始まる、と書いたが、経営会議はこれだけで終わるわけではない。

重要なのが、どの週に何を売っていくのか、という重点商品をしっかり打ち出していくことである。その週の推奨商品だ。いってみれば、顧客に真っ先に推奨すべき旬の商品を、本部として意思表示する、ということ。

「例えば、春先の人気商品にホワイトアスパラがあります。南米のペルーから一〇〇〇束ずつ空輸されてきますが、旬のタイミングは、一年で二週間か三週間しかないんですね。これをずらしてしまうと、お客様にご提案できないわけです。だから、その週のおすすめとして販売してほしい、と店舗に指示していきます」

それ以外にも、春なら節分、バレンタイン、ひな祭りと季節のイベントも続いていく。

「食のトレンドの変化は本当に早いですから、月間では遅いんです。お客様のニーズに応えきれない。ですから、すべて週に落とし込んで五二週で展開するようにしています。一一二店舗を短時間で水平に意思統一させられる、ひとつの方法なんです」

週の推奨商品は、バイヤーと部門の担当者が中心になって計画を組む。陳列方法や販売方法なども考える。必要とあれば、店長はじめ店舗のスタッフが実際に試食する機会も、タイミングに合わせて用意したりする。

「例えば、バレンタイン関連でケーキを、ということになったとすると、集まった店長に食べてもらうんです。これなら一日いくつくらいいけそうか、判断するわけですね。自分で食べていますから、腑に落ちている。ここから、全体でどのくらいの量を製造するかも決めていくんです」

推奨商品は会議終了後、エリアマネージャーを通じて、メールで店長や部門担当者に伝えられる。このとき意識されるのが、スピードだ。

そして、週の推奨商品を明確にすることで、それぞれの店舗では、大胆に棚割をしていくことができるという。ホワイトアスパラを提案したいときには、例えばキュウリなど、他の野菜の棚を縮小してでも、ホワイトアスパラを展開する。

もっといえば、バレンタインの時期になれば、店頭で主役になるのは、チョコレートの関連商品。そのために、隣にあった別のカテゴリーの売り場がごっそり縮小してしまうようなことも、成城石井ではよく起こるという。

「それぞれ部門担当者がいますから、自分の担当の棚が小さくなれば面白くない。でも、そういう部門の縄張りのようなものが、成城石井ではありません。なぜなら、それはお客様には関係がないから。お客様には、迷惑だと思っているんです。今、一番欲しいもの、一番旬なものを求めて来られる。なのに、売り場が充実していなかったら、がっかりです。だから、他の棚を減らしてでも、旬の商品を出す。その判断を会社がします。売り場担当者も、自分の売り場としてどうか、というよりも、お店として、もっといえば成城石井として、お客様の立場で最善の選択をしてほしいと考えているんです」

## 業績が悪ければ、それは本部の責任、というポリシー

一方で、全商品の中から約一三〇アイテムを毎月本部がセレクトして推奨商品とし

ている。成城石井には、多くの店で六〇〇〇から七〇〇〇ほどの商品があり、その約二パーセントにあたるのが、一三〇アイテム。これを、前面に打ち出すための戦略だ。

「数千もアイテムがあったら、何を売っていいのかわからない、というのが、実情としてはあると思うんですね。また、売る人の好みで売り場を構成してしまうと、偏りが出る。そこで、本部が毎月一三〇のアイテムを決め、その中から各店が何を選んで売っていくのかを決めていける仕組みにしています」

一三〇アイテムは、旬の物や新しく入った直輸入商品、また育成商品、チラシ掲載商品などで構成される。

「売れそうな商品ばかりを前面に置けばいいじゃないか、と思われるかもしれませんが、それでは売り場はマンネリ化してしまうんです。実は売り場というのは、どんどん変化しているんですね。店頭で、その変化の軸にしてもらおうと考えているのが、一三〇アイテムなんです」

いってみれば、売り場でこれを売りたい、という意思を明確にするための指標だ。店頭の入口などに置かれているのは、まさに、その商品である。さらに、セントラルキッチンの重点商品を三〇品決め、それを前面に押し出す「ＣＫ30」もある。

こうして本部が決めた推奨商品は、各店舗でどのような売れ行きを見せたのか、管理されている。一三〇アイテム、毎週の推奨商品、さらにはＣＫ30。それぞれ全売上の中に占める割合、発注に占める割合、売れた数が数値化され、ランキングにされる。また、これがミステリーショッパーによる店舗評価などと合わせて、店や従業員の評価の指標のひとつになる。

つまり、ただ単に売上の大小を比較するのではなく、経営側が指示したことを、どのくらい店が達成できたのか、という点が評価に結びつく仕組みになっているのだ。逆にいえば、お店の売上は本部が責任を負っている、ということ。原氏は断言する。

「一三〇アイテムは、お店ごとに自由に展開することができますが、基本的には戦略を組んでいるのは本部。つまり、もし業績が悪くなれば、それは本部の責任であり、経営の責任だということです。それは、はっきり申し上げています。売れないのは、お店のせいではない。本部のせいなんです」

ともすれば、本部の指示に店舗側の腰が引けるような場面があるのではないか、とも想像できる。しかし、まったくそんなことはないらしい。

「週の推奨商品を試食し、各店舗がどのくらいの数量を発注するか、店長が決める会議があるんですが、バイヤーのじかの熱い思いはやっぱり伝わるんですね。これだけ売りたい、という店長から上がってきた数字が、予想をはるかに超えたものになることはよくあります」

店長による発注数は、もし売れなかったら、自分たちの評価に響く。ところが、店長もおいしいと思えば、売りたいと手を上げる。

「気がつくと、大変な数字が積み上がっていることがありまして。こういうときは、みんなの気持ちはわかる、でも無理をしてはいけない、と私が止めに入らないといけないほどなんです（笑）」

## 「風通しを良くする」仕組み

各店舗の四つの基本の状況や、旬の推奨商品などが決められていく経営会議。ここで原氏が強く意識しているのが、風通しだという。経営会議でどんなことが話し合われたのかを、店長はもちろん各店舗の従業員全員に理解してもらいたいと考えている。

現場を持つサービス系企業に取材をすると、経営の大きな悩みとなるのが、本社と現場との乖離だとよく耳にする。

コミュニケーションが不足したり、本部からの情報がうまく伝わらなかったりすると、〝本社は現場のことをわかってくれない〟〝本社は何もしてくれない〟〝本社は何を考えているのかわからない〟といった不信感が生まれていく。

そうならないためにも、成城石井は風通しを重視しているという。それは本部と現場の風通しだけではない。経営会議も同様だ。やっかいな話もみんなで共有し合う。

例えば、鮮度管理などに対する厳しいクレーム。そうした話は、具体的な内容とともに経営会議で話し合われるという。

「悪い話もどんどんしますね。情報をオープンにすれば、どうすればいいのか、という改善策にもつなげていくことができる。隠したところで、物事が解決するわけではない。すべてオープンにしたほうがいいんです」

しかもこの経営会議、経理や情報システムといった店舗の業務とはまったく関係ないセクションの担当長も出ている。だが、それも大事だというのだ。

「たしかに、アスパラをどう売るか、なんて話は関係がないかもしれない。バレンタインの動きについても、仕事とは直接、関わりはないかもしれない。でも、管理系も全員、必ず入ってもらっています。なぜなら、スーパーで働いているからです」

現場の応援に本部の社員が積極的に行く、本部と現場が一体感を持っている、と書いたが、これは経営レベルでこうしたカルチャーを作っているからだ。

「経理も情報システムも、今どんなふうに現場が動いているのか。今週どういうことがあって、だからどうなっているのか、ということをわかっています。アスパラやバレンタインにも、実は詳しいんですよ（笑）」

本部の従業員が現場に行くと、現場の厳しさが理解できる。暑い中、寒い中、店頭に立っている同僚たちが見える。だから、現場のために頑張ろうと思う。経験をすることで、そういう空気は醸し出されていく。

現場は現場で、忙しい最中に本部の業務を中断して、わざわざやってきてくれているのを知っている。現場の繁忙期にサポートをしてくれる、ありがたさが骨身にしみる。こうしてお互いを少しでも理解することで、いい関係になっていくのだ。

本部の施策も、現場に寄り添うものになっていく。とりわけ情報システムなど本部だけで推進する取り組みは、本部が作ったものを、現場に押しつけがちだ。作ったから、現場がそれに合わせてほしい、という要望を出したりする。しかし、成城石井ではそれはしない。現場にきちんとヒアリングをして、実情に合わせたシステムを作るのだ。

「発注端末を変えたとき、本部は現場が便利になるだろうと、カメラがついていたり、メールが受け取れたりと、いろんなアイディアを持って現場に聞きに行ったんですね。良かれと思って。ところが、現場が求めているのは、電池が長持ちすることと、送信電波が強いことだったんです。現場が欲しがっているのは、そんなことだったのか、と情報システム側は驚いていました」

発注端末はシンプルなものになった。電波状況を良くするために、一個だったアンテナを二個にした。現場のニーズにきちんと応えてもらえたと、現場からは大きな歓迎の声が上がったそうである。

## 成城石井にとっての大きな転機、エキナカ出店

社長の原氏はオーストラリアから帰国後、市が尾店に一年半、勤務している。その後、営業本部に異動し、バイヤーになった。

このときの上司が、新人時代に売り場を直された伝説のバイヤー、先にも紹介した当時の常務、嶋崎美枝子氏である。軽トラックで全国の生産者のもとに買い付けに行くなど、武勇伝は数知れず。自分の母親くらいの年齢だったという彼女に、原氏はバイヤーとして徹底的に鍛えられる。そんな中、新しいチャレンジが原氏に委ねられることになった。一九九七年のことだ。

現在、一一二店舗を展開する成城石井だが、この店舗の拡大において、間違いなく大きな転機になった出来事がある。それが、エキナカへの出店だ。エキナカもしくはそれに準ずる店舗の数は今、実に半分以上の五六店舗になる。

その第一号店となったアトレ恵比寿店の出店を、商品部のバイヤーとして手がけたのが、原氏だったのだ。

「ずっと路面店しかやったことがなかった成城石井が、初めてエキナカに挑戦する。そんなプロジェクトでした。アイスクリームのショーケースを置いたら、ほとんど売れなかったという手痛い経験もしましたが、予想もつかなかったほどの成功が、成城石井を大きく変えたことは間違いないと思います」

エキナカへの誘いのきっかけは、東京・成瀬にできた小さな路面店舗だった。当時は、商品部の原氏が、品揃えの一部を担当した。商品の選択も陳列も、すべて。だが、エキナカはまったく初めて。しかも、四六坪という過去にない小さな店舗。どんなふうに店を作るのか、頭を悩ませたらしい。

「アイスクリームのショーケース以外にも、たくさん失敗はありました。米や醤油はまったく売れませんでした。後から考えればわかることだったんです。わざわざ駅のスーパーで醤油や米は買わない。それは、自宅近くの最寄りのスーパーでいいわけです。一方でうまくいったのが、チーズの売り場をなんとか作ろうと、棚の下から上まで一〇〇種類以上のチーズを山と積んだことでした、売り場が狭かったので苦肉の策だったんですが、これが飛ぶように売れました」

ただ、どんな顧客層になるのか、どんな利用の仕方になるのか、当時はオープンまでまったくわからなかったという。

準備をし、朝一〇時に開店を迎えた。ところが、来客がまるでない。スーパーは午前中と夕方の来客が勝負だといわれる。時間だけが過ぎていく。

「翌日の発注をしなければいけないんですが、まるで手応えがない。もうダメだと思いました。失敗したと思って、翌日の発注はすべてゼロにしてしまったほどでした」

〝異変〟が始まったのは、午後三時を過ぎた頃からだった。店内の来客数が一気に増えたのがわかった。ただ、スーパーの来客ピークである夕方に向けて、少し人が入ってきただけだと思っていた。まだ、〝スーパーの常識〟で見てしまっていたのだ。

この後、来客数はどんどん拡大していった。しかも、六時になっても七時になっても、八時になっても九時になっても一〇時になっても、来客数は増え続けた。

「こんなことは経験したことがないわけです。お客様が夕方を過ぎても増え続けていく。しかも、途切れない。夜九時を過ぎても、あまりの忙しさなんです」

## なぜ、予想は大きく裏切られたのか？

成城石井アトレ恵比寿店は、駅の改札のすぐ横にある。こんな場所に小さなスーパーを作ってどうするのか、という声は原氏もさんざん聞かされていた。大失敗もあり得ると覚悟していた。だから、レジも二台しか用意していなかった。そのため、予想を超える客数に、レジ待ちが店内を一周するほどになってしまった。

「客数がまったく見込みと違うわけです。夜の時間帯の売上も予想をはるかに上回っていました。しかも、商品が足りなくなってしまって。昼間、翌日の商品を発注していないわけですね。大急ぎで、成城店にお願いしてトラックを回してもらいました」

だが、原氏はまだ半信半疑だった。オープンの翌日、翌々日と売上は落ち着いていくもの。そう思っていた。ところが、売上はまったく変わらなかった。発注を抑え目にしていたために、またしても成城店に商品をピストン輸送してもらわなければいけなかった。そして金曜日の夜、さらなる忙しさが押し寄せ、その週のピークを迎えた。

「本当にびっくりしました。わかったのは、周辺で働いている食への感度の高いお客様が、仕事帰りに買ってくださっていたことです。コーヒー、紅茶、ワイン、チーズ、総菜は大変な売れ行きでした。自宅最寄りのスーパーには売っていないものを買っていかれたんですね」

一カ月かけて、店の品揃えを大きく変えた。米をなくし、味噌や醤油、卵や豆腐を減らした。パンや総菜、ワインを拡張する。売上はさらに伸びた。月間の売上は、事前予測の二倍を超えた。

「自分の考え方が大きく変わりました。路面店のスーパーマーケットとは、売れるものがまったく違ったんです。その一方で、それまで成城店をはじめとして、お客様のニーズに応えようと一生懸命に取り組んできたワインやシャンパン、チーズ、総菜といった成城石井独自の品揃えが大きく活きたんです」

成城石井が、エキナカに通用することに気づいた瞬間だった。その後、エキナカ出店は続々と行われていく。

「商圏一キロ圏内で所得いくら以上の人が何人いる、なんて表面的な調査は意味がないんだとわかりました。むしろ、日中の昼間人口がどのくらいいるか、が重要になる。路面店では逆です。昼間人口は関係ない。その地に働きに来る人をイメージして品揃えをしたりしないからです」

そして、エキナカに出たことで、〝こんな店があるんだ〟ということを知ってもらうことができたという。

「近所のスーパーには売っていないワインやチーズが手軽に買える。これは、友達や家族との大事な日に、いいものを飲みたい、と思ったときに使えるな、と気づいてもらえた。みなさん、潜在的に求めておられたんです、こんな店を」

やがてイタリアンブームがやってくる。成城石井のオリーブオイルの品揃えは大きく支持された。お酒の嗜好が多様化し、ビールから、ワインやシャンパンが一般的に楽しまれる時代になった。生ハムの輸入が解禁され、本場の生ハムが日本でも楽しめるようになり、成城石井は真っ先に店頭に並べた。

成城石井が取り組んできたことが、まさに花開く時代がやってきたのである。

## 「ライバル店」は存在しない

現在、成城石井には一一二の店舗があるが、その内訳は実にバラエティに富んでいる。路面店、駅ビル、デパ地下、ショッピングセンターテナント、オフィスビル、コンビニ跡地など、サイズも二〇坪の小型店から一九〇坪の大型店まである。こうした店舗の多彩さが、毎年一〇を超える出店を可能にしている理由のひとつだ。社長の原氏はいう。

「路面店でないといけない、エキナカでなければ、などという決められたフォーマットでしかできないということになると、出店候補地は限られてしまいます。かつては五〇坪以上なければいけない、それ以下の出店はしない、という時代もありました。しかし、実際には小さな店の候補地もありますし、縦長だったり横長だったり、間口が広かったり狭かったり、いろんな形の店舗もある。そういうものに対応できるようになると、候補地はどんどん膨らむことがわかったんです」

実際、店舗の出店条件は本当にさまざまなものがあるという。その考え方は、業界では常軌を逸したものらしい。しかし、成城石井は平気なのだ。

「成城石井はワインが売りだから、といわれることがありますが、お酒なしの売り場もあるんですね。また、生鮮なしのタイプもあります。生鮮は肉だけ、加工された魚だけ、というタイプもありますし、二〇坪しかないお店もある。小売業の出店は、条件があると敬遠されるケースもあるようですが、それを私たちは気にしない。むしろバリエーションは多様であったほうがいいと考えていたら、結果的にいろんな出店フォーマットができ上がっていました」

ここでも時代に逆行している、といえるかもしれない。効率的でない、面倒な出店をするのだ。

ただし、どこにでも出店するわけではない。むしろ、たくさんのオファーがある中で、出店は厳選されている。場所が重要だからこそ、出店フォーマットが多様になったともいえるのだ。

「場所ごとにお店は違うものになります。その意味では、フォーマットを合わせるよりも、新たに作ってしまう、といったほうがいいかもしれません。手間はかかりますが、この出店スタイルもまた成城石井の強みだと思っているんです」

立地は最終候補になれば、原氏をはじめとした経営陣が直接見に行くという。乗降客や、歩いている人を観察する。どこから人が流れてきて、どこに向かうのかをチェックする。

「見ないで出店をしたことはないですね。何より大事なことは、イメージができるか、ということなんです。この街なら、成城石井のどんなものが売れるのか。それを積み上げていくと、どんな店ができうるか。夜はどうか。そのイメージができなければ難しいですね」

ユニークなのは、いわゆる競合はまったく気にしないことだ。実際、先に紹介したように、麻布十番店は、すぐ隣がコンビニだった。六本木ヒルズ店も隣がコンビニだ。立川店は、地下がスーパーで一階に成城石井が入っている。

「最後は肌感覚なんです。この街に成城石井が合うのかな、という。だから、セオリーやデータだけで決めることはありません」

どうして、そんな場所に、といわれる出店もあるという。だが、勝手なイメージだけで決めることはしないのだ。実際に見に行って、これは、と思える場所を判断する。そうやって、成城石井は店舗を拡大してきたのだ。

## 「商売って、そんなに難しいものではない」

それぞれの店舗が好業績を上げているのは、もちろん品揃えの独特さ、ユニークさもある。しかし、それぞれの店舗にふさわしい細かなノウハウを着実に蓄積してきたことが大きいと原氏は語る。

「いろいろな店舗を展開していくと、いろいろなことが見えてくるわけですね。例えば、エキナカの恵比寿では、土曜日や日曜日はオフィスに通う人が減りますから、売上も下がるわけです。しかし、月曜日は朝から一気に盛り上がりますし、金曜日は夜が遅く、閉店間際まで売れ続けます。地方都市には、地方都市の特徴があります」

これが一年を通すと、今度は季節の情報が蓄積されていく。そうしたノウハウをベースに、少しずつ新しいチャレンジを加えていく。

「決して難しいことではないと思うんです。例えば、ここ数年は猛暑が多い。そうすると、冷蔵ケースに入れていても冷たい飲み物が冷え切らないことがある。朝、品出しをしていたのでは、昼に冷えた飲み物を提供できないんです」

そこで、考えた。閉店後、水やジュースのペットボトルを完全に補充しておくのだ。そうすれば、朝までしっかり冷やすことができた飲み物を目一杯、用意しておくことができる。

「エキナカは大きな倉庫がありません。無駄なスペースを使わずに、いかに効率良く冷たい飲み物を用意しておけるか。それができていないと、お客様は冷えていない飲み物にがっかりされかねない。こういうこともノウハウなんです」

各店が積み上げてきたノウハウは、全店で共有される。それは、すでに数え切れないほどのものになっているという。

「お客様が商品を買われる理由は、ひとつではないんです。商品の品質だけではないし、価格だけでもない。どんな小さなことでも、その理由に気づけるかどうか。細かなところから蓄積ができるか。買う理由の一〇〇〇分の一のノウハウかもしれませんが、カバーできたか。結局、それがお店の強さを決めるんだと思うんです」

顧客には、買う理由があるのだ。仮に一〇円値段が違ったとしても、真夏の猛暑日には、ぬるい飲み物よりも冷たい飲み物を選びたい。

「基本の徹底が大事だというのは、まさにそういうことなんです。お客様にとっては、一回の買い物がすべてなんですね。鮮度管理にしても、お店からすれば、五〇あったヨーグルトのわずかひとつ、賞味期限切れを見逃してしまった、と思うかもしれませんが、お客様にとっては、その一度がとんでもないダメージなんです。それだけで、もう二度と来てもらえなくても仕方がないんです」

求められていることに、とにかく一つひとつ応えていく。品揃えしかり、サービスしかり。逆に、それ以外に、何を求めようというのか、と原氏はいう。

「変化のスピードが速いといっても、劇的に変わっていくわけではない。日々少しずつ変わって、それが積み上げられて大きな変化になる。

商売って、そんなに難しいものではないと思っているんです。やらなければいけないことを、徹底するだけ。特に基本を徹底するだけ。難しいとすれば、それを継続することだと思っています。本当に当たり前すぎて、みんなやらないんです。当たり前のことをやり続けることが、一番大事なんです」

だから成城石井は、やり続けられるための仕組みを作っているのである。

原氏は今も夜、仕事を終えて帰る際、店舗が開いている時間なら寄っていくのだという。店に寄って一周して、店内の様子を見る。

「本部がどんなにきれいごとをいったところで、現場でできていなければ、何の意味もないわけです。商品にＰＯＰがついていなかったり、しかるべき位置に並べていなかったり、思ったような並べ方がされていなかったり。それはちゃんと見ておかないといけない。迷惑でしょうけどね、お店は（笑）」

総菜が値引きで売られていたら、買って帰ることもある。売れ残っているのは、何か理由があるから。それを知りたいから。

一つひとつ、小さなことをコツコツ積み重ねていく。目の前で起きていることにしっかり向き合う。成城石井がやっているのは、そういうことなのだ。

# 第5章
# 転機となった買収

## 「事業への思いと誇り」

### 成城石井の納豆

成城石井のこだわり商品⑤

年間 28 万個の売り上げを誇る人気商品。「大豆本来のうまみを味わえること」にこだわり、国産の大豆を産地から指定し、昔ながらの製法をしている工場で生産。付属のタレにも化学調味料は使わず、天然のだしにこだわっている。豆が小粒と中粒の2種類あり、中粒のほうが大豆の味が感じられると人気。

## 新たな株主へ

順調な拡大成長を続けていた成城石井に、二〇〇四年、大きな衝撃が走った。それは、従業員の誰もが、さらには成城石井の顧客も予想しなかった出来事だった。

スーパー成城石井の礎を築き、繁盛店に仕立て上げたオーナーが、成城石井の株式をレインズインターナショナル（後にレックス・ホールディングス）に売却すると発表したのである。焼肉店「牛角」などフランチャイズチェーン展開で急成長し、コンビニ「ａｍｐｍ」も買収していたレインズが経営権を取得し、その傘下に入ることになったのだ。

当時、成城石井はすでに三〇店以上を展開していた。売上高も二〇〇億円を超えていた。経営が赤字だったわけではない。業績が悪化していたわけでもない。むしろ経営は順調だった。

第5章

# 転機となった買収

## 「事業への思いと誇り」

そんな矢先の買収だった。原氏は、当時、営業本部の課長を務めていた。

「どうしてそういうことになるのか、正直、大きな戸惑いがありました。いきなり別の会社と一緒になって、自分たちは何をするのか。今までのような成城石井のビジネスが続けられるのか、不安でしたね」

こういうとき、買収した会社側はこんなふうにいうものだと知ったという。「何も変わりません。今までのやり方を尊重しますから」しかし、現実は違い、親会社からトップが送り込まれてきた。そして、これまた突然の報道発表。何も聞かされていなかった原氏は、まさに寝耳に水の発表を朝刊で目にすることになる。

「三年で一〇〇店舗を目指す、と書かれていました。傘下のコンビニとのシナジーで高級コンビニを目指す、と。当時は一五年かけて三〇数店舗になったのが、成城石井です。しかも、こだわりにこだわり抜いてお店を作ってきた。それを三年で一〇〇店なんて、と思わざるを得ませんでした」

親会社は、フランチャイズシステムも活用した、いち早い店舗拡大によって急成長した会社である。当時は上場会社でもあった。買収した会社を多店舗展開によって成長させていく戦略は、親会社にとっては至極まっとうなものだっただろう。しかし、成城石井がどのようにして顧客の支持を得てきた会社なのか。それが本当に理解されていたら、これほど急な発表を果たしてしたかどうか。原氏はいう。

「店舗を拡大させるにはどうするか。出店スピードを上げるにはどうするか。会社の会議では、商品のことではなく、出店のことばかりが話題になっていきました」

それまで品揃えに必死になっていた現場は、やはり腑に落ちていなかった。どうして、こんなに急拡大するのか、と。

取引先からも、心配されたという。成城石井だから取引をしていた、というこだわりの生産者も多かった。これまでの商売と変わってしまうのではないか。成城石井らしさがなくなってしまうのではないか……。

しかし、誰よりも心配していたのは、顧客だったのではないか、と原氏はいう。多くの店舗で、ニュースを目にした顧客から、従業員は次々に声をかけられたのだそうだ。

「どうなってしまうのか。変わってしまうのか。これまで通り買い物ができるのか。成城石井らしさがなくなってしまうのではないか……。心配の声を本当にたくさんいただきました。成城石井という店が、どれほどお客様に愛されていたか。このときほど痛感させられたことはありませんでした。どれほど大事にされ、どれほどお客様になくてはならない店になっていたか」

従業員にもショックだった。しかし顧客にとっても、〝私たちの成城石井が……〟というショックな出来事になったのである。

## 思いがなくなると、会社はここまで落ちていくのか……

成城石井にとって手痛い事態となったのは、親会社の持っている食のイメージと、成城石井のイメージが合致しなかったことである。

実際、〝風評被害〟もあったという。報道がされて以来、精肉の売上に影響が出てしまったという。親会社のレストランで出されているような肉に変わってしまったのではないか。そんなイメージを持たれてしまったのだ。

また、親会社は自社でプライベートブランドの商品も持っており、他のスーパーでも売られ、大ヒット商品となっていたものもあった。もし、成城石井の本意とは別に、親会社の意向としてそれらの販売が決まったとしたら……。それは、成城石井にとって〝魂を売り渡す〟ことを意味していた。

実際、親会社からの従業員向けの説明会では、それをずばりと質問してしまった社員もいたという。あれは売らなければいけないのでしょうか、と。親会社からは、はっきりとした答えは寄せられなかった。それを売るかどうかは、ひとつの生命線だった、と原氏はいう。

「自分たちが納得しない商品は置かない。それは、本当にプライドだけだったかもしれないですね。一商品の問題ではないんです。もし妥協してしまったら、すべてが崩れてしまう。そのくらい大事なことでした。担当課長としてノーを伝えて、もしクビになったら、しょうがないと思っていました。飛ばされたとしても、それはそれだ、と。納得できない商品を置いたら成城石井は、成城石井ではなくなってしまうわけですから。これを曲げたら、それこそお客様からの支持を根底から失ってしまうと思いました」

一方で、多店舗展開のためのモデル店舗作りが進められていた。親会社の都合もあり、用意されたのは、わずか一カ月。新業態の店舗がオープンした。しかし、うまくいかなかった。一カ月で閉じ、今度は数カ月かけて準備をし、外部のコンサルタントなど複数の指示のもと、同じ場所に別の新業態をオープンさせる。だが、これもうまくいかなかった。

「思いが入らないと、こんなにも会社は変わるんだ、と改めて思いました。みんな燃えないんですよ。苦労して積み上げてきた成城石井のビジネスモデルを、外部の人たちにひっかき回され、混乱もして」

この間も、もともとの成城石井の商品は守り通した。品揃えは絶対に曲げなかった。それでも、従業員の士気の低下は避けられなかった。

「やっぱりみんな、仕事に気持ちが入らなかったんだと思います。私も驚きましたが、見事なまでに業績が急降下していきました。会社って、こういう思いがなくなった時点で、こんなふうになるんだ、と改めて思いました。本当に駆け下りるように業績は悪くなっていきましたから」

新業態をあきらめ、通常店舗での出店拡大に舵が切られようとした矢先、親会社の業績に陰りが出たこともあり、ファンドのアドバンテッジパートナーズが親会社に出資し、新しい経営者が成城石井に送り込まれてきた。それが、大久保恒夫氏だった。

## 理解者の登場、復活へ

二〇〇七年、大久保氏が、成城石井の社長に就任する。イトーヨーカ堂の「業務改革」の主要メンバーとして構造改革を推し進めた一人であり、ユニクロや良品計画の経営改革を支援、成功に導いた流通業界では知らない人はいないといってもいい人物。小売業のことをよく理解している人の社長就任だった。原氏はいう。

「本当に理解のある方でした。自分たちの思いがあるのであれば、それを大切にしたほうがいい、自分たちのビジネスモデルにこだわり抜いたほうがいい、とおっしゃっていただけて」

むしろ、成城石井の価値がまだまだ表に出ていないことに、プロの外部の目線で気づいてもらえたという。〝そんなにいい商品があるんだったら、どうしてもっと売り込まないのか〟〝ＰＯＰで展開しているというけれど、お客様には伝わっていない〟

第5章 転機となった買収「事業への思いと誇り」

そんな声をたくさんもらった。

「もっと接客をやればいいじゃないか。それ、試食販売してみよう。POPを変えてみよう……。いろんなことを教えていただいて、励ましていただいて」

買収という大きな経営的な変化がある中で、多くの社員が自分たちの強みやいいところを見失っていたのではないかと原氏はいう。しかし、それでいいんだ、とプロの目線で後押しをしてもらえた。そしてその良さをきちんと言語化して共有化するべきだ、という取り組みも進められた。

これが現在、従業員が必ず身につけているハンドブック「成城石井BASIC」である。経営理念と信条、基本目標、基本方針、行動基準、ホスピタリティ、身だしなみ、接客七大用語、沿革が記された二四ページの小冊子だ。

「これまで自分たちが、ぼんやりと持っていたものを形にしてもらうことができたんですね。こうしたノウハウは、私たちにとって本当に貴重でした」

しかも、流通業界をよくわかっている人物だけに、現場主義が貫かれていた。本部からややこしい指示を飛ばしたりしない。顧客志向の、シンプルな指示だけが飛ぶ。現場に答えがあることを、わかっていたからだ。とりわけ大久保氏が強調したのが、接客の重要性だったという。

「もともと接客にはこだわりを持っていた成城石井でしたが、品揃えを強く意識していくプロセスで、ともすれば職人集団になっていったところもあったんだと思うんです。いいものさえ置いておけばいいだろう、とお客様を見なくなっていく。もちろん商品へのこだわりは重要ですが、そこにお客様が伴わなければ意味がありません」

いいものを置くだけでは、単なる自己満足。だが、商品へのこだわりが強くなればなるほど、その危険性も大きくなる。

「今の状態ではお客様には伝わっていないよ、という大久保さんの言葉にはハッとさせられました。そこでもう一度、どうすればお客様に伝わるのか、お客様は何を求めているのか、考えるようになりました。販売の仕方が、この時期に大きくレベルアップしたんです」

商品にまつわるストーリーを店頭でより強く意識するようになったのも、このあたりからだという。それまでは、バイヤーや職人はストーリーを知っていても、それ以外の従業員は知らないことも多かった。とりあえずＰＯＰに書いてあれば、接客で説明しなくても、という空気もあった。いいものさえあれば、売れていくものだ、と。

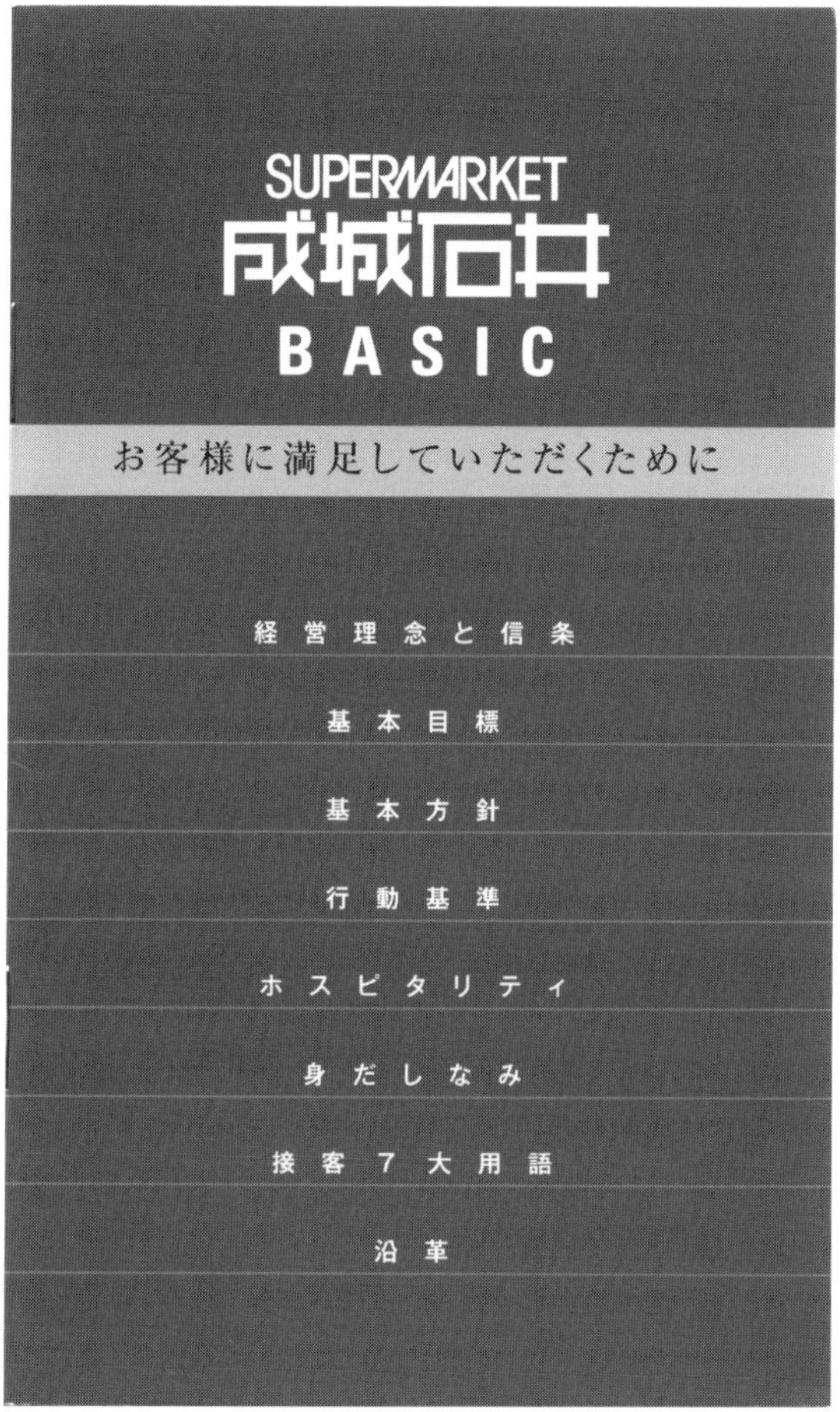


成城石井 BASIC。
成城石井の理念や行動の指針を記したもので、
従業員は携行を義務づけられている。

「でも、もっとお客様目線になれば、やっぱり違うんです。きちんとストーリーを教えてもらったほうがいいに決まっている。実際にやってみると、売り場での手応えも変わっていったんです」

大久保氏の社長就任は、またひとつ成城石井に大きな転機をもたらすことになったのである。

## 社長室はない全員が同じフロアで席を並べる

発祥の地、成城店に本部の機能を置いていた成城石井だが、レックス・ホールディングスの傘下に入った後、本社をレックス本社の近くになる六本木一丁目のビルに移している。外資系コンサルティング会社などが入るビルである。家賃も高額だった。原氏はいう。

「落ち着かなかったですね。小さな売上を積み重ねて利益をいただいているのが、小売業です。そんな一等地に本社を置くべきではない。何より店舗の近くじゃないのが困りました。すぐに店舗を見に行くこともできないですから」

大久保氏の就任後、本社は現在の横浜市に移転する。発祥の地、成城の地には戻れなかった。会社が大きくなり、二〇〇人、三〇〇人で一度に会議ができるようなオフィスが成城には見つけられなかったのだ。

現在の本社は、横浜駅から歩いて一五分ほどの場所にあるオフィスビルの五階。極めて質素である。〝本社にお金をかけるくらいなら、お客様にいいものをもっと安く〟という声が聞こえてきそうなオフィスだった。夕方六時になると、廊下の電気は消えてしまう。

本部の従業員が働いているフロアも見せてもらった。入り口から右手の奥には、社長の席があった。大久保氏の時代から、社長室はない。同じフロアの一角に、社長も含めた全社員が席を並べているのだ。

ちなみに、従業員がタクシーを使うことも稀だという。社長も含めて、である。社長の社用車もない。原氏は今も電車で通勤している。

業績が急降下した成城石井に、新しい風を吹き込む改革を担った大久保氏。その右腕として、執行役員営業本部長として一緒に改革に取り組んだのが、原氏だった。

「大久保さんと二人で、いろんなことを、ああだこうだと議論して。成城石井のやり方を本当に尊重してもらえたので、自由にのびのびと自分たちの良さを伸ばしていくことができた。その前に縮こまったようなところが、もう一度花開いたこともあって、業績も一気に上がって、新しい出店の依頼も増えていったんです」

## かつての株主が残していったもの

二〇〇七年の大久保氏の社長就任から三年。二〇一〇年、原氏が社長に就任する。

「突然だったんです。大久保さんから、僕は引くから、あなたがやりなさい、と」

再び外部から経営者を引っ張ってくる、という選択もあったのかもしれない。しかし、成城石井の複雑なビジネスモデルを大久保氏だからこそ、よく認識していた。原氏はいう。

「物流がわかったり、セントラルキッチンがわかったり、メーカーがわかったり、貿易がわかったり、というスペシャリスト人材はいても、トータルに全体が理解できるジェネラリストは、社内にもいなかったんです」

輸入やセントラルキッチンの稼働率をどうバランスよくコントロールしていくか。店舗運営から商品の仕入れ、デリバリーからメーカー機能、調達から貿易まで、成城石井を幅広く見られる人材は、もちろん外部にもいない、と大久保氏は見抜いていた。しかも原氏は、路面店やエキナカなど現場経験も豊富にあった。

「原さん、他にやれる人いないよ、この会社は、といわれました。正直、自分にはまだ早いという気持ちもあったんです。もう少しいろいろと勉強したいところもあった。でも、もし万が一、成城石井のビジネスモデルを理解してもらえない人が来たりしたら、また混乱する。ここでやらせてもらったほうがいいと思ったんです」

二〇一一年、親会社はアドバンテッジパートナーズから、三菱系のファンド丸の内キャピタルが設立した新会社へと変わる。

レックスホールディングスによる買収の衝撃は、成城石井に関わる人たちにとって相当なものだったようである。だが、もしかしたら、この衝撃こそが、成城石井を今の成城石井たらしめたのかもしれない。自分たちの価値とは何か。それを改めて問い直す機会に直面したのが、このときだったからだ。

「それは間違いなくあると思います。一番大事にしているものは何か。どれほどお客様に愛されていたか。それを誰もが強く認識しましたから。会社の一体感も、それまで以上に強くなったと思います」

もし、あの騒動がなければ、また今とは違う成城石井になっていたかもしれない。あれがあったからこそ、今の成城石井はあると原氏はいう。

そして興味深いのは、成城石井が、外部の影響力をすべて排除したわけではない、ということだ。「成城石井ＢＡＳＩＣ」の策定をはじめ、大久保氏による改革もさまざまに受け入れている。しかもレックスホールディングスの買収時、品揃えや急激な拡大戦略には賛同できなかったと語っていた原氏だが、実は成城石井は彼らが残したものも、良いと思えるものは、しっかりと吸収しているのだ。

例えば、今や店の評価や人事評価の対象として、会社にとって極めて重要な調査指標となっているミステリーショッパー。実はこれは、レックスホールディングスが二〇〇五年に成城石井に持ち込んだものなのである。

外食産業では、こうした覆面調査は当たり前のように行われていた。レックスホールディングスは、CS推進室という部署を作り、それを成城石井に導入したのだ。

店舗でも、当初こそ抵抗感はあったようだが、先にも紹介した半年に一度の経営方針説明会で、優秀店舗の表彰を行うようになると、状況は一変した。何より覆面調査。店舗の本当の力が明らかになる。しかも、それが評価される。自然に受け入れられるようになったという。

そして大久保氏の時代に、人事考課にも取り入れていくことが決まった。ごく自然な流れだった。原氏は続ける。

「これも成城石井の特徴のひとつだと思います。仕入れでも、仕組みでも、何かいいものがあったら、どんどん吸収して自分たちで変化させて、自分たちの形にしてしまう。これは実は昔から得意なんです」

今も、異文化交流を積極的に行っているという。同業他社も従業員は積極的に見に行く。さらに家具やファッションなど、異分野の小売りとも交流する。

「自分たちとは生きる世界が違っていても、必ず学びはあると思っています。支持されている仕組みには理由があるはずだからです。私たちも積極的に情報を開示しますし、受け入れる。そうやって、お互いにお客様に支持していただける店が作っていければ、と思っているんです。なぜなら、結果的にトクをするのは、お客様ですから」

業績好調だからこれでいい、ということにはならない。成城石井は、まだまだ変わり続けていこうとしている。

# 第6章
# 人が店を作っている自覚
## 「人材教育へのこだわり」

シュウマイ

成城石井のこだわり商品⑥

総菜の売れ行きで常に上位に位置する人気商品。国産のフレッシュな豚肉を一度挽きすることで、肉のうまみを感じられるジューシーな仕上がりになっている。さらに干し海老・干し貝柱・椎茸のエキスを加え、味に深みを出した。化学調味料、保存料、合成着色料不使用。

## アルバイトもパートも、必ず半日の研修を受ける

商品にこだわり、サービスにこだわってきた成城石井。では、そこで働いている人たちは、どんなふうに育てられているのか。驚きの仕組みがあることを教えてもらった。社長の原氏はいう。

「おそらくこんなことをしている小売業者は他にまずないと思っています。それは、社員はもちろん、パート、アルバイトも、半日以上の入社時研修を必ず受けている、ということです」

成城石井とはどういうスーパーなのか。何が違うのか。その存在意義は何か。従業員には何が求められるのか。それを根本から教えられる場が設けられているという。しかも、なんと三時間の半日がかり（レジ担当はレジ研修もあるため一日がかり）、交通費も時給も支払われ、本社で行われているというのだ。原氏はいう。

第6章

# 人が店を作っている自覚

## 「人材教育へのこだわり」

「研修というと、一時間ほど、ちょっとビデオを見るくらいのイメージを持たれるんですが、そうではない。私たちは本気でやっているんです。だから、研修を経てお店に入ると、動きが違う。ただ作業をする人にはならないんです」

中途入社時に、この研修を実際に受けたのが、先にも登場した五十嵐氏である。彼はいう。

「まず驚いたのが、パート、アルバイト、社員、職種など、一切関係がないことでした。私の入社時は二四人中、二三人がパート、アルバイトでした。大学生もいました。一緒に研修を受け、チーム分けされたテーブルでディスカッションも一緒にする。わざわざ横浜の本社まで来てもらって、こんな研修がある。面倒なのかと思ったら、むしろみんな喜んでいましたね。研修があったから、自信を持って店舗に立てる、と」

月二回あるという入社時研修を見せてもらう機会を得た。場所は横浜本社。朝九時一五分から研修は始まった。参加者は三三名。多いときには五〇名を超えることもあるという。関西エリアは関西で行っているが、関東地区や静岡からも交通費を会社が負担して来てもらうこともあるのだそうだ。先にも書いたように、タクシーは極力使わない、六時には本社の廊下の電気を消すほど経費節減は徹底しているが、必要などころにはしっかりお金を使うのだ。

研修参加者は、女性が七割を占めていた。年齢は二〇代の大学生から五〇代まで幅広い。売り場の他、レジ、後に解説する成城石井が初めて作ったワインバーのサービス担当や調理担当の姿もあった。

トレーナーを務めるのは、人事部CS推進室の深澤祐三子氏。成城店に一五年勤務し、成城石井内で〝レジェンド〟と呼ばれる接客サービス術を持つ女性の一人だ。「お客様相談室」で、顧客からの電話も受けていたという。深澤氏は語る。

「ただ、ビデオを見たり、私の話を聞いているだけでは、伝えたいことを本当にきちんと理解をしてもらうのは、難しいと思っています。大事なことは、いかに現場で活かせるか。そこで、チームに分かれてディスカッションをしてもらったり、ロールプレイングに参加してもらったり、自分で考えてもらったり、しっかりと理解を深めてもらうための工夫を考えています」

こう語る通り、三三名はまず六つのグループに分けられた。誰がどこでどんな仕事をすることになるのか、きちんと共有してもらう。仲間意識を醸成するのも目的だ。実際に、配属される店舗は違っても、この場で仲良くなってしまう人も少なくないという。

職場は違っても、みんな同僚。温和な雰囲気が広がっていた。すぐに笑顔が出る。初めて会うのに、あっという間に打ち解けていたのが印象的だった。

## 接客〝レジェンド〟の経験談から、仕事のやりがいを知る

研修のカリキュラムは大きく五つのテーマで構成されていた。成城石井の沿革と経営理念。ホスピタリティとコミュニケーション。社内基本ルール（身だしなみ、挨拶、売り場での行動）。こんなときどうするか（お客様の声）。まとめ（自分自身の目標）。

まずは起立して全員の挨拶から始まる。深澤氏が自己紹介。その後、グループ内で個人の自己紹介。名前、配属先、どうして成城石井で働こうと思ったか。リーダーが決められ、印象に残った自己紹介をピックアップし、それぞれチームで一人ずつが紹介された。接客への関心、輸入食材への関心、顧客として利用していて働きやすそう

なお店だと思った、という声もあった。深澤氏はいう。

「仕事は決してラクではない、と伝えています。でも、大変なことばかりでもない。だから、働きたいと思った初心を大事にしてほしいと思っています。それが支えになるし、〝ここで働いて良かった〟という気持ちに必ずつながっていくからです。

そして、もうひとつ強調しているのが、新しく入ってくる人は、まだお客様目線を持っている、ということです。どっぷり成城石井に漬かった従業員にはない新鮮な目で、成城石井を眺めて、変えていってほしいと考えています」

次に、事前に配られていた「成城石井ＢＡＳＩＣ」について触れられるが、「帰りの電車で読んでください」と一言。深澤氏はいう。

「ただ読んでも入ってきません。終わってからなら、〝あ、このことだったのか〟と気づいてもらえると思っているんです」

ただし、表紙に書かれているフレーズにだけは言及した。〝お客様に満足いただくために〟。

「これこそ一番大事にしておかないといけない言葉だからです。ＣＳ推進室は、お客様満足を推進するセクション。人件費をかけてまで組織にしているのは、それだけお客様を大切にしているからだ、という話を強調しています」

その後は、グループディスカッションに。テーマは「なぜ成城石井にとって、お客様は大事なのか」。真剣な表情で、チーム内のディスカッションが行われていき、各チームでリーダーが発表。いろんな意見が出た。深澤氏はいう。

「ひとつは、自分たちのお給料はどこから出ているか、ということ。もうひとつは、仕事のやりがいを与えてもらえる存在であること。そしてもうひとつは、自分を成長させ、会社を成長させてもらえること。この三つをいつも私からは伝えるようにしています」

研修の中では、深澤氏の実体験が語られていく。まだ駆け出しの頃、レジ担当をしていて頭痛に襲われた。すると、顧客に声をかけられたという。〝いつもの元気がないじゃない、大丈夫?〟と。深澤氏は驚いた。見覚えのない顧客だったからだ。

自分は単なるレジの店員だと思っているかもしれないが、顧客にとっては違う。顔や名前を覚えてもらえる存在であり、元気を与えられる存在。以来、深澤氏は笑顔を常に意識した。そうすると、顧客からも笑顔が返ってくる。やりがいは自分で作るものなのだ、と気がついたという。

## 一〇〇人いれば要望は一〇〇通り マニュアルは作れない

ディスカッションは次のテーマに移る。「お客様の成城石井への期待とは」。チームで話し合いが行われ、それぞれが発表。深澤氏によって、まとめが行われていく。

「一度、自分で考え、みんなの意見も共有するからこそ、私のする話も耳に入っていくのだと思っています。ただ一方的に私が話をするのとは、受け止め方が変わる。深いところから理解してもらえるんです」

まずは高品質、安全安心、独自性、自家製、自社輸入、品揃えといったキーワードで成城石井の商品力が語られる。

「成城石井には、高価格な商品もあります。高品質な商品を提供したいと思うと、原材料からこだわらなければ作れません。パンにしても、マーガリンではなく、必ずバターを使用しています。提供しているのが、どんな商品なのかがわかれば、コストパフォーマンスは意外に良心的だということもわかる。高いのではなく、商品に見合った求めやすい価格になるよう、努力していることを伝えています。働く上では、それは誇りになるんです」

そして、親しみやすさ、元気で明るい、会話ができる、商品知識が豊富、袋詰めをしてくれる、といったキーワードで接客サービス力が語られていく。

ここで深澤氏は、〝一言でいいから成城石井の従業員と会話ができるのを楽しみにしている〟という顧客のエピソードを紹介していた。

「実際、そういうお客様もいらっしゃるんです。ちょっとした会話や笑顔が、お客様を変えられる。もっといえば、お客様の生きがいにも関われる仕事なんだということを知ってほしいと思っています」

さらにクリンリネス、季節感、利便性などのキーワードから、売り場力を伝えていく。

「売り場は常に変わっていくこと、POPを見ているだけでも楽しい売り場があること、よくそんな話をします。また、商品力、接客サービス力、売り場力の三つの総合力で成城石井は成り立っているのだということ。どれが欠けても、お客様には満足いただけない」

実例として、お客様が商品を買おうとしていたのに欠品していたり、せっかくあったと思っても品出しをしている従業員の態度に不快感を持ってしまった例を解説。店に出れば、まさに実際にありそうなシーンだけに、誰もが真剣に耳を傾けていた。

その後は、店舗では売り場、トラックからの荷下ろし、荷さばき、品出し、賞味期限チェック、発注、会計、荷物詰め、ラッピングなど、いろんな仕事があることを伝え、それぞれの仕事には大切な役割があるという話が続いた。

休憩をはさんで後半は、ホスピタリティのあるコミュニケーションとはどのようなものか、実際に買い物のシーンをロールプレイングで体験する研修が行われた。接客の基本用語「いらっしゃいませ」「かしこまりました」「少々お待ちくださいませ」「係の者を呼んでまいります」「お調べしてまいります」などは、どのような場でどのような使い方をするか。深澤氏が買い物客のフリをして、研修中のスタッフに突然、声をかけてロールプレイングを行うシーンも。

最後に八分間のビデオを見て、三時間の研修は終了した。

「すべてを教えることはできません。それこそ一〇〇人のお客様がいらっしゃれば、ご要望は一〇〇通りある。マニュアルはとても作れません。だから大事なことは、基本の接客の考え方なんですね。成城石井の従業員は何を大事にするのか。それを理解しておけば、最低限の対応はできる。まずはそれを持って帰ってもらえたら、と考えているのが、この研修なんです」

午後からは、レジ研修が三時間、予定されていた。午前中の受講者の七割ほどが受講を希望していた。

## 「自社の商品を好きになってもらわないと」

アルバイトもパートも含め、入社時に必ず全員が半日以上の研修を受ける成城石井。入社後も、さまざまな研修が用意されている。「ワイン・チーズ」「コーヒー・紅茶」「酒」の三つのくくりで行われる専門スクールもそうだ。

これも、アルバイトや社員に関係なく受けることができる。従業員教育への会社の意識の高さの表れでもあるわけだが、どんな理由があるのか。社長の原氏はいう。

「もちろん接客サービスに力を入れている、ということもありますが、こだわりの品揃えをしているわけですから、商品知識を身につけるには、時間がかかるんです。店長がちょっと教えて、というわけにもいかない。研修を受けてすぐに身になる、というわけではありませんが、学びを積み重ねていくことによって、品揃えや商品力は、ゆっくりゆっくり理解できていくんです」

そうすることで、他社と何が違うのかが初めてわかってくる。商品と商品の連携もわかってくるのだという。

「例えば、ワインの勉強をしても、ワインだけ知っていればおしまいではないんですね。ワインを勉強したら、次はチーズをやったほうがいい。ワインの品揃えはチーズの品揃えとリンクしているからです。成城石井の場合、ワインの売り場はワインがただ並んでいるわけではありません。産地やブドウの品種で分けてある。チーズ売り場もそうです。どのワインと、どのチーズが合うのかは、相性があるんです。その両方を、本当は理解しておかないといけないんです」

しかも、それはチーズだけにとどまらない。生ハムもしかり、調味料もしかり、スパイスも、肉も、フォアグラやキャビアもワインとの相性がそれぞれの商品によってある。

「そうした商品のひとつずつのストーリーを理解していないと、売り場は作れないし、接客もできないんです。だから、販売力、商品力に加えて、教育に軸足を置かないといけないんです」

そして商品を知れば知るほど、成城石井という会社が見えてくるのだという。

「品揃えやこだわりが理解できますから。成城石井が、高品質なものをお手頃な価格にするために大変な努力をしていることにも気づける。だから、売り場の担当者の教育は重要なんです」

店長は、日々の業務で忙しい。現場でそこまでの教育は難しいという。

「それは、本部がやらないといけないんです。そもそも自分の会社の商品が嫌いだったら、売上は上がらないですよね。逆に商品や会社が好きになれば、お客様の共感を呼ぶことができる。お客様に成城石井が伝わって、ファンになってもらえる」

## 年間三〇人がワインの本場フランスなどに海外研修

こうした教育重視の姿勢は、成城石井の伝統だという。先に、接客サービスレベル向上のために従業員がオペラに行ったり、一流ホテルのサービスを体感したりしていたことを紹介したが、商品を知るために、フランスのシャトーを店舗の担当者が見に行く視察研修も早くから行われていた。海外研修は今も続いている。

「今は、業績やコンテストなどで表彰された社員を中心に年二回一五人ずつ、合計三〇人ほどが五泊七日の海外研修に出掛けています」

そういえば、経営方針説明会の最後に、海外研修でフランスに行った従業員からのレポートが発表されていた。シャンパーニュ地方で、F1の公式シャンパン、マムコルドンルージュで知られるマム社など三社を見学。最高品質のシャンパンを試飲。また、シャンパンに合う料理を味わう。スペシャリティチーズの世界トップメーカーを

# 第6章 人が店を作っている自覚
## 「人材教育へのこだわり」

はじめチーズ工場も二つ、製造工程を見学し、チーズを試食したという。

本場のシャトーやチーズ工場を見学し、現地でシャンパンやワイン、チーズや生ハムを味わってくる研修だ。一般的な旅行のツアーとはコースがまるで違う。生産者に会いに行き、生産者の思いを聞いてくる。これは本当に貴重な経験になる。

そしてこの海外研修、対象は社員だけではない。アルバイト、パートからもたくさんの従業員が行っているのだ。

「海外研修でじかに本場を体験してきた従業員は、やっぱり鮮烈な印象を持って戻ってくるわけです。彼ら彼女らは戻ってくると、自分の経験を下の世代に懸命に伝えていくようになる。これが大きいんです。教えたくてたまらなくなるんです」

だから成城石井では、店頭でワインについて質問すると、待ってましたとばかりに答えてくれるスタッフが大勢いる。

「一般的なお店の売り場ではあまり聞かれては困ると、お客様に背中を向けたりする店員もいるところがありますね。ああ、何か聞かれるな、と察したら急にバックヤードに行ってしまったり。成城石井ではそれはありません。聞いたら何でも答える自信がある。だから〝何かお探しですか？〟と、声をかけることもできる。どんな食事をされるのか、チーズは普段召し上がるのか、などニーズを確認して、いろんな提案をしていく」

コミュニケーションが始まると、ワインだけ、チーズだけを顧客が買っていくことは少なくなるという。いろんな食材を一度に買っていく。商品にまつわるストーリーが、次から次へと出てくるからである。

「毎年三〇人を送り込んでいる海外研修はもう何年も続いています。生産者がどんな思いで作っているのか、ＰＯＰにしたりしている従業員もいます。自分は行ったから、次は行けるように頑張れ、と後輩にハッパをかける人もいる。自分たちが扱っているものが、胸を張って売れるものだと自信を持てるからです」

## 大きな盛り上がりを見せるファイブスターコンテスト

成城石井では、海外研修は報奨も兼ねられている。その時々に各部門で活躍し、表彰された従業員の他に対象になるのが、社内で実施されているコンテストの上位入賞者だ。例えば、ファイブスターコンテスト。これは、接客技術を競うもので、売り場部門とレジ部門があり、全国の店舗から約一五〇人が参加するという。人事部長の千葉氏はいう。

「お客様役を設定し、お客様に対してどんな対応をするのかを競います。競技会という形式にしていますが、実は教育的な要素も大きいんです。コンテストに参加して、他の人の接客シーンを見ているだけでも勉強になりますので。また、エントリーをすると、講習会を受けることができ、そこでも学びを得られる仕組みです」

だが、店舗では、単なるコンテストという位置づけではないようだ。店内での予選に始まり、決勝大会まで四カ月、実に四度にわたって予選が繰り広げられ、いってみれば、ひとつのお祭りのようなものになるからだ。千葉氏はいう。

「誰をコンテストに出場させるかはお店が決めます。接客が一番いい、という人を投票で決める店もありますし、予選会で決まる店もある。それぞれが、まずはエントリーをしてくるわけです」

エントリーが行われるのが、三月から四月。その後、エントリー者の講習会を経て、五月にフィードバック予選会が行われる。

「この時点で約一五〇名ですが、実技試験を実施して、ブロック大会出場者を五〇人選びます。実技試験では、選抜の要素もありますが、その場で講師から指導が受けられる仕組みになっています」

このフィードバック予選会は三〇人ずつ五日間にわたって行われる。ブロック大会が行われるのは、六月。関東ブロック大会、関西・中部ブロック大会に分かれて、五〇人が競う。そして売り場一〇名、レジ一〇名の約二〇名がファイブスター決勝大会に進むという。

「社内ではとても大きな盛り上がりになりますね。店舗の代表でもありますので、それぞれの店舗からの応援も受ける。そして上位入賞者は、海外研修に行くことができます」

エントリーは、パート、アルバイト、社員は関係ないという。そしてファイブスターコンテスト入賞者の何よりの栄誉は、ファイブスターのピンバッジを店頭で胸につけられることだ。成城石井の店舗で、従業員の左胸にファイブスターのピンバッジがあれば、それがこのコンテストの上位入賞者であり、成城石井が認めた接客優秀者であ

ファイブスターコンテスト入賞者に与えられる、
ファイブスターバッジ。

ることを意味する。

接客サービスしかり、商品知識しかり、成城石井では学べる場がたくさん用意されている。各店舗で従業員なら誰でも見ることができるeラーニングの仕組みもあるという。

原氏の言葉通り、教育にはかなり力が入っているのだ。

## 縦と横が無尽に組み合わされている組織

では、リーダー育成、という観点からはどうか。成城石井では、各店舗に複数の〝リーダー〟がいる。店長は店のリーダーだが、それだけではない。先に〝コミュニケーションの最後の砦〟と書いたレジでは、レジリーダーが存在し、複数のレジ担当者を束ねる役割を持っている。

また、CSリーダーと呼ばれるリーダーもいる。これは、顧客満足を推進するための役割を担うリーダーだ。さらには、アルバイトリーダーもいる。アルバイトの中で、リーダー的な役割を担う人間をそれぞれの店舗で決めているという。人事部長の千葉氏が語る。

「リーダーたちは定期的に本部に集まって会合を持っています。レジリーダーであれば、月に一回。CSリーダーであれば、三カ月に一回。アルバイトリーダーは半年に一回。こうしてリーダーが全店から集まり、本部とのコミュニケーションを深めたり、情報共有をしたりしています」

店内でリーダーを数多く持つことで、自発的な行動やリーダーシップに期待できる。人材の成長という点でも、大きな効果があるという。千葉氏は続ける。

「成城石井の大きな特徴は、組織の縦軸と横軸にしっかりと糸が張り巡らされていることです。店舗のマネジメントにおいても、店長から縦のラインがあるわけですが、それだけではない。レジリーダー、ＣＳリーダー、アルバイトリーダーなど、複数のリーダーを置くことで店舗を超えた横のラインの関係を充実させるようにしています。そうすることで、どうしてもバラツキが出てしまう店長のマネジメントもサポートできます」

店舗内には、これとは別に部門リーダーもいる。商品の領域ごとに置かれているリーダーたちだ。このリーダーも横軸でつながる部門会議が本部で開かれている。ここで、セントラルキッチンが開発した新しい総菜や、バイヤーが新たに見つけてきた商品の試食なども行われている。

もっと大きな組織の枠組みで見てみても、エリアマネージャーが率いる店のラインと、スーパーバイザーが率いる商品のラインがあるが、両者ともに頻繁に店舗を訪れる。ともすれば、店は店長、リーダーや主任という縦のラインだけで完結してしまいがちだが、横のラインを築けるリーダー会が行われるだけなく、スーパーバイザーによって横のラインはフォローされる。

こうした縦横の仕組みが確立されているからこそ、売り場の縄張り争いのようなことが起きなくなるのだ。それぞれが、自分たちの利益を意識するのではなく、お店全体の利益、さらには成城石井全体の利益、もっといえば、目の前の顧客の利益を意識するような構造ができ上がっているのである。社長の原氏はいう。

「基本として大事なことは繰り返し繰り返し、何度でも徹底的に意識しないとできないものです。逆にいえば、それができる仕組みを作っておかないといけない。気がつけば、自分や会社がラクなほうに、と進んでしまいかねない。

だからこそ、常に会社全体の利益を考え、お客様の利益を考えられるように仕組みを作っておかないといけないということです。そうすることで、全社のレベルを上げていくことができると思っています」

定期的に、しかも頻繁に行われるリーダー会や部門会議には、それなりのコストもかかる。だが、それでもわざわざ本部に呼んで会議を開く大きな意味があるということである。

## 店長を育成するためのショップマスター制度

リーダー育成という点はもうひとつ、日常的な研修制度、さらにはショップマスター制度がある。人事部長の千葉氏はいう。

「入社から一年目、二年目、三年目までは、年次で研修を行っています。新入社員は二カ月に一度程度になります。一年目は、基礎的な内容が中心。半月間の新入社員研修の後は、売り場の作り方など実務的な要素が中心になります。二年目以降の研修は、マネジメント要素を少しずつ加えています。三年目以降は、全員研修ではなく、選抜された従業員の研修です。優秀なマネジメント能力を潜在的に持っていると判断された場合は、ショップマスター候補としての研修を行います」

ショップマスター研修は、店長一歩手前の有望な従業員をショップマスター研修に参加させる仕組みだ。複数回がワンセットになり、具体的なケーススタディをもとに店舗運営やマネジメントを学んでいく。これを二度、三度と繰り返していくことで、店長レベルにどれくらい近づけたかを判断していくという。

「個別のお客様にサービスをするのと、お店をマネジメントするのとは、別の能力が必要になります。商品の深く専門的な知識よりもジェネラリスト的な能力、マネジメント能力がより求められるようになってきています」

そうした能力に長けた人材を早めに抜擢して育成するのが、ショップマスター制度の目的である。近年は、このショップマスターを経て店長になるケースが増えてきているという。

店舗で働く従業員は思いの外、多い。例えば成城店なら、パート、アルバイトを合わせて一二〇人もの規模になる。実際に店頭に出ている人数はもっと少ないが、これだけの人数をマネジメントしなければいけないのが、店長であり、リーダーなのだ。

一方で、小さな店舗になると、パート、アルバイトを合わせて数人。常時、二、三人という店舗もある。だが、これはこれで、またマネジメントには難しさがある。千葉氏はいう。

「実は挨拶ひとつとってみても、奥が深いんです。お店の中の仲間意識や上司に対する信頼感、会社に対するロイヤリティがなければ、いい挨拶はできません。ミステリーショッパーで評点が厳しいお店に入っていくと、店長と社員でギクシャクしていたり、アルバイトと社員でコミュニケーションができていなかったりすることが多い。そうした殺伐とした雰囲気は、売り場に出てしまう。挨拶というのは、けっこういろいろなものがリンクしていて、いろんな結果に波及するんです」

マネジメント力をどう見抜くか、どう育成するかは、実は極めて大きな課題になるのだ。

## うまくいっている店に〝留学〟する仕組み

成城石井では、上司による評価査定で部下とのコミュニケーションをしっかり図ることができる仕組みがある。部下はまず自己を評価し、それをもとに上司と面談し、上司は評価を決める。二次評価としてエリアマネージャーが評価する。これはアルバイトでも同じ。評価が上がれば、時給も上がっていく。

だが、こうした仕組みがあっても、日常的なコミュニケーションがうまく図れるとは限らない。人数も多い。店長はやるべきことも多く、忙しい。千葉氏はいう。

「何か指示しなければいけないことがあると、一方的に、あれをやって、これをやって、と部下に指示して終わり、みたいなことが起こり得てしまうんですね。忙しさからついついそんなことになってしまうわけですが、部下の立場としてどうなのかを聞いてみると、もういろんな不満が出てきたりするわけです」

指示の背景を説明したり、普段からの些細な声がけやちょっとした気遣いが、大きな違いを生むのだという。できる店長は、〝よくやっているね〟といった一言だけではなく、もっと小さなことでも声をかけていたりする。

「でも、ほとんどの店長はそういうことをしなければならないことに気づいていなかったりするんです。だから、上長に聞いても、店内のいいことしか聞けないことも多い。ところが、アルバイトに聞くと、違う反応が返ってくるわけですね。うまくいっていない店は、店長がしたはずの指示が、アルバイトに伝わっていなかったりするんです。まったく何も知らない従業員もいたりする。共有ができていないわけです」

一方、優良店舗に行くと、すべての従業員に大事な指示が伝わっているという。誰に聞いても同じ反応がある。方向が揃い、何をやらないといけないかがわかっている。

「日々のコミュニケーションをしっかりしていないと、お店はうまく回らないんです。そこが店長のスキルとしては極めて重要になりますし、研修などでフォローをしていかないといけないところ。まさにマネジメントの部分なんです」

しかし、簡単なことではないのも事実。

「ただ、やっているうちに、どこかでつかめる瞬間があるんです。そういう経験を早く積んでほしくて、ショップマスターの仕組みも作ったりしているわけですが、やっている本人たちにはやはり難しさがある。私自身も店長を経験していますが、下から見ているときに〝どうしてこんなことができないのか〟と思うことも、自分が店長になってみるとできないことだらけだったりするんです。やはり、そんなに簡単な話ではない。本部からの指示がいろいろ来る中で、どう現場と折り合いをつけて、従業員みんなをまとめてやっていけるか。パートやアルバイトも含めて、どうやってうまくコミュニケーションを取りながら、しっかりまとめて結果を出していくか。これは本当に難しいところです」

なかなかうまくいかなかったり、伸び悩んだりする店長は、好調な店舗に一週間ほど〝留学〟することもあるという。うまくいっている店舗で、何が足りないかを実感してくるのだ。そしてまた店舗に戻る。これは効果的だという。

## 人材が育っていないと出店はできない

かつて他の大手スーパーで仕事をしたことがあるという、新丸ビル店の店長、島村隆一氏はこんなことをいっていた。

「成城石井への期待は、想像以上に大きいものがあるんです。他のスーパーと同じレベルのサービスをしても評価されない。むしろ〝成城石井なのに〟〝成城石井の商品なのに〟という見方をされます。ここで店舗を運営するのは、かなりレベルが高いものが求められると思っています」

成城石井に出店の依頼が殺到しても、簡単には出店を決めない理由はここにもある。現在の出店計画は、年間一〇店舗から一五店舗。社長の原氏はいう。

「私たちは、人材の成長と一緒に会社も成長できるものだと考えています。人材が育っていないと出店はできないんです。人材を採用して、一定の人数が育って、三年後にショップマスターや店長になるというイメージをすると、だいたい一〇から一五店舗くらいが限界だと思っています。これを急に三〇店舗にすることはできません」

今も年間七〇名ほどを新卒採用している成城石井。それ以外にパートやアルバイトからの社員登用も積極的に行っている。

「将来的に店舗の責任者ができるか、という目線で現場でも見てもらい、そういう人材はどんどん推薦してもらって社員になってもらっています」

だが、それでも人材育成はそんなに簡単に進められないのだ。

そしてもうひとつ、出店を抑える理由になっているのが、セントラルキッチンへのこだわりである。

「自分たちがしっかり作ったものを、自分たちで届けられる範囲でしか、今は出店を

していません。物流も自社便なんです。大阪と中部地区にも自分たちで配送していま
す。セントラルキッチンの商品は、保存料を使っていませんから、鮮度管理の問題も
ある。それに対応できるデリバリーを持っていないと店舗の出店にも合わせられない。
自社便でできる範囲内でしか出店は難しいと考えています」

もちろん、すでに手は打ってある。セントラルキッチンは今年、増床が決まってお
り、一七八店舗までは対応できるようにしているという。

「機械を入れて大量生産型に持っていけば、もっとラクに対応はできます。でも、そ
れでは自分たちのこだわりとはずれてきてしまう。そこでまずは、できる範囲の面積
の拡充で今回は対応し、今後に関しては次のステップとして考えることにしました」

当面の目標は、二〇〇店舗だというが、今の手作りのシステムで二〇〇店舗を目指
すのか。

「量産型に持っていく、保存料を使って日持ちするようにしたりすれば、他の流通と
の差別化はできなくなる。この考え方を捨てたら、成城石井の良さはなくなってしま
うと思っています」

自分たちが本当に大事にしたいものを守りつつ、どう企業拡大を図っていくか。そ

れは、今後の成城石井の最大の課題になるかもしれない。

「効率や合理で考えたら、頑固な職人気質の発想は、あっという間に吹き飛んでしまうんですね。だから、人が大事になる。お客様においしいものをお届けするんだ、ということが何より一番という文化になる組織を作る。そうすることでしか、大事なものは守りきれないと思っています」

企業は成長をしなければ、ポストも増えない。給料も上がっていかない。成長が義務づけられた組織である。その価値を守りつつ、どう人を育て、成長していくのか。これから、そこに挑まねばならない。

# 第7章
# “高級スーパー”と呼ばれたくない

## 「成功の本質と挑戦」

### コーヒーゼリー
成城石井のこだわり商品⑦

成城石井の自家製デザートの中でも、特にロングセラー商品。ミルクゼリーの中にキューブ状に切ったコーヒーゼリーが浮かんでいて、見た目もユニーク。コーヒー豆をアラビカ種100%に絞り込み、フルシティーローストという深煎りで抽出し、苦味とコクを存分に引き出したコーヒーを使用。
ミルクゼリーには北海道産牛乳を使用し、キビ糖でまろやかな甘味を加えている。コーヒーの苦味とミルクの甘味が絶妙。

## 表彰者がみな「おかげで」を繰り返す会社

年二回、八〇〇人規模の従業員が集められて行われる経営方針説明会について、これまで何度も触れてきたが、ひとつ強烈に印象に残っていることがある。

会の後半はミステリーショッパーで高い評価を得た店舗など優秀店舗や、ファイブスターコンテストの上位入賞者、さらには業績にインパクトがあった優秀部門や全社MVPともいえる優秀社員の表彰が行われたのだが、表彰を受けステージ上で一言コメントを求められると、店長も社員もアルバイトも、その口からは当たり前のように「おかげで」という言葉が相次いで出てきたのだ。

〝エリアマネージャーのおかげで〟〝スーパーバイザーのおかげで〟〝店長や先輩のおかげで〟〝日夜、総菜を頑張って作ってくれているセントラルキッチンのおかげで〟〝いつも応援してくれる品質管理部門のおかげで〟〝頑張ってくれているパートさんやアルバイトさんのおかげで〟……。

一人や二人ではない。おそらく表彰をされ、コメントをしていた一〇数人のほぼ全員が、こうした態度で周囲に感謝の気持ちを表していた。自分が、あるいは自分たちが表彰されているのに、である。

自分が褒められたとき、周囲に感謝の気持ちを示せる。謙虚な姿勢で、自分だけの成果だけではないのだ、と認められる。お互いを認識し合い、尊重し合う。すばらしいカルチャーだと思った。社長の原氏はこう語る。

「小売業というのは、一人ではできない仕事なんです。スーパーは、いろんな組織がいろんな仕事をしている。お互いの協力なくしては、自分だけ頑張っても成果は上げられないんですね。逆にいえば、いい仕事をする従業員は、連携してチームワークをしっかり取って仕事をします。本部でも、セントラルキッチンでも、店舗でも、です」

複数の企業を経て入社してきた五十嵐氏もいう。

「オレがやったんだ、という人はいないかもしれないですね。成城石井のいいところは、連携してみんなで答えを出していくことができているところだと思っています。一人が強烈に引っ張っていくという空気感はない。ただ、それは強さでもある反面、弱さでもある。強烈なリーダーシップが必要な場面も出てくる。それは、これからの課題になっていくと思います」

とはいえ、表彰のステージの上に立っている従業員は、うまくいっている人たち。ということを考えると、そういうスタンスのほうが現状ではうまくいく、ということでもあるのかもしれない。

こうした風土が生まれた背景について、原氏はもうひとつの見方を教えてくれた。

「昔から、会社全体がそういう空気なんです。どうしてなのかを考えたとき、自分たちはお客様に育てていただいたんだ、という気持ちが強いからだとわかりました。今もこれは変わっていないんです。

お客様のおかげで、今の成城石井はある。お客様に教えていただいたことを、愚直に愚直にやってきたから今がある。器用に合理的にできないんです。今も、お客様に鍛えていただいているという感覚はみんな強く持っていますね。お客様の前に出て、いろんな気づきをもらって、みんな初心に返るんです」

# 〝高級スーパー〟とは呼ばれたくない

取材中、実は興味深い言葉に何度も出会っていた。それは「高級スーパーとは呼ばれたくない」だ。近年、〝高級スーパー〟と呼ばれている、いくつかのスーパーとひとまとめに、成城石井はカテゴライズされることがある。

一般の消費者も、置かれている商品の価格帯を考えると成城石井を〝高級スーパー〟と思っている人も多いかもしれない。また、そう呼ばれることは決して悪くはないのではないか、と。

ところが、成城石井はそうではないというのである。

「ライバルはどこですか、という質問をよく受けるんですが、ライバルのお店はないんです。あるとすれば、お客様のトレンドであり、お客様のニーズです」

成城石井が扱っているのは、顧客が求めているもの。いいものであり、おいしいもの。それがたまたま高級品であったり、一流品であったりするに過ぎない。最初から高級品や一流品を扱おうとしてきたわけではない。また、だからこそバランスの良い価格での販売を目指してきた。高級なものが高値で売られている店ではない、ということだ。目指そうとしている土俵がそもそも違うのである。

だからこそ成城石井は、時代の波に乗って成長することができた、ともいえる。〝高級スーパー〟と呼ばれるところは今も人気があるが、ではそれらの店の数は拡大しているか、といわれれば、疑問符がつく。

〝高級スーパー〟が、ある時代の先駆者だったことは事実だ。例えば二〇年前、オリーブオイルをずらりと店頭に並べているスーパーが他にあったか。高級な輸入商材を置いていているスーパーがあったか。なかったのだ。その意味では、間違いなく先駆者であり、チャレンジャーだった。

しかし、この二〇年間で何が起きたか。オリーブオイルもユニークな輸入食材も、今やどこのスーパーでも目にすることができる。決して特別なものではなくなってしまったのだ。しかも、スケールメリットによる購買力で、安価なものが続々と売られるようになった。高級品や輸入品だけでは差別化ができなくなったのである。

# 第7章 “高級スーパー”と呼ばれたくない 「成功の本質と挑戦」

では、ライバルを顧客のニーズに据えていた成城石井は何をしたか。顧客のニーズに徹底的に向き合った。成城石井にもオリーブオイルはある。しかし、他のスーパーにはまずない品揃えが行われている。数十もの種類があるが、そのすべてに意味があるという。イタリアの北部・南部でも味わいが異なるので、料理ごとに使い分けている人もいる。

もっといえば、オイルそのもののニーズが変わってきている。サラダ油、オリーブオイルから、亜麻仁油《あまに》（フラックスシールドオイル）、さらにはココナッツオイル。ニーズは大きく進化し、多様化し、成城石井はそれに対応してきた。社長の原氏はいう。

「成城石井は、お客様の求めるものにこだわり続けてきたんです。現状に満足することなく、時代の変化とともにイノベーションをし続けてきた。その結果が、今のオイルの品揃えであり、ワインの品揃えであり、チーズやハム、チョコレートの品揃えなんです」

ただ高級なものが置かれているわけではない。〝高級スーパー〟とは違うのだ。求められているものに、こだわり続け、懸命の仕入れ努力を続けて、今がある。

成城石井はひとつの商品も種類を多数取り揃えることにこだわる。

## 「顧客はこう」と勝手に決めない

そしてもうひとつ、成城石井が好まない言葉があるという。それが、マーケティングだ。これは流通に限らずだが、多くのビジネスで今や徹底的にマーケティング分析が行われ、それに基づいて顧客ターゲットをはじめ、さまざまな戦略が策定される。

とりわけターゲット設定は重要だ。男性か女性か。年齢はいくつくらいか。想定年収はどのくらいか。家族構成はどうか。嗜好は……。ところが成城石井は、基本的にこれをやらない、というのである。

「成城石井はいわゆるターゲットゾーンを明確に設定していないんです。年齢でも性別でもお客様をセグメントしません。おいしいものを食べたい人は、男性でも女性でも、年齢がいくつでも関係ないですよね。また、年収が三〇〇万円でも五〇〇万円でも一〇〇〇万円でも、おいしいものを食べたい人は、その気持ちは同じです。それにお応えし、商品をお届けするというのが、成城石井の考え方なんです」

複数の企業を経てきた五十嵐氏は、この点にも転職してから驚いたという。

「マーケティングという言葉を好まない会社ですね。社内でこの言葉を聞くことはまずない。ターゲットを決めたり、店のパターンを決めて事業を行うのではなく、お客様の期待にどう応えていくか、ということを、あらゆる局面で考えていくんです」

これまた手間のかかる、セオリーを逸脱したやり方かもしれない。だが、道理にはかなっている。年収三〇〇万円の人は、高額のシャンパンは買わないのかといえば、まったくそんなことはないのだ。実際、自分へのご褒美に、と若い女性が週末に高価なシャンパンやワイン、チーズや生ハムを買っていくことは珍しくないという。もし、年収で区切ってしまったとしたら、こうしたニーズは見えてこない。原氏はいう。

「消費とは、感情で行われると思っているんです。エモーショナルな行動であって、ロジックではない。だから大事なことは、感情にどれだけアピールできるかです。こんな商品があるんだ、という感動や感激、こんな丁寧に接客してもらえたんだ、という喜び。そういうものこそ、成城石井は大事にしてきたんだと私は思っています」

大手広告代理店でも働いており、それこそマーケティング用語が飛び交う世界でキャリアを積んできた五十嵐氏は、そこに面白さを感じているという。

「ロジカルなマーケターという人はいないのかもしれませんが、マーチャント、商売人はいっぱいいいると思っています。外から来たから余計に感じるんですが、本当に商売人の集団だなと思います。売っていくことには貪欲なんです。でも、売っていくことに貪欲だからこそ、一人ひとりのニーズに真剣に向き合う。それは、マスを相手にした、画一的なマーケティングでは、なかなかできないことだと思います」

例えば新店を出すときにも、成城石井は本格的なリサーチをまったく行わない。周辺住民からアンケートを取ったり、グループインタビューをすることもない。それは、顧客のほんの一断面でしかないことを知っているからだ。そんなもので顧客の本当のニーズがわかってたまるか、という商売魂、といい換えてもいいかもしれない。商売は、始まってからが勝負なのだ。リアルな顧客の顔を見ずして、本当のニーズなど見えるはずがない。合理的に効率的になど、いかないのである。愚直に自分たちを変化させていくしかない、ということをわかっているのだ。

何度も紹介している「経営方針説明会」だが、最後にもうひとつだけ、印象に残ったことをつけ加えておきたい。午後一時から六時まで五時間にわたり、社長をはじめ役員、人事部長、さらには優秀店舗紹介など、成城石井について語られる会だったわけだが、ある言葉が一度も使われなかった。それが〝ブランド〟だった。

いかにブランドを築くか。ブランド力を高めるか。守るか。多くの企業にとって、今やブランドは重要なテーマになっている。ところが、経営方針を説明する会で、一度たりともブランドという言葉が出てこなかったのだ。

だが、それはむしろ好印象に映った。〝ブランド戦略〟などという言葉があるが、私はこの概念自体がおかしいと思っていた。ブランドは作られるものであって、作るものではない。伝統的なブランドほど、そうやってブランドを形作ってきたのではないか？　愚直に顧客と向き合ってきた結果が、ブランドになったのだ。ブランドを作ろうとして、ブランドを作ったのではない。

たしかに巨額な資金を投下して広告活動を行うなど、ブランドを作る方法もあるのかもしれない。しかし、顧客に支持されるベースがないまま、ブランドだけを作ることは本当に意味あることなのか。社長の原氏に聞いてみた。

「自分たちにブランド力があるとか、そんなふうには思っていない、ということが大きいのかもしれませんね。いわゆるプライベートブランド商品を押しつけたくない、ということもそうですが、選択肢のひとつであればいいと思うんです。お客様に支持されるものを、ずっと探し続けているだけ。それがお客様から評価いただけているだけだと考えているんです」

## 現地のスタイルを体験できるワインバーをオープン

成城石井が飲食に参入した。二〇一三年一二月にオープンした麻布十番店の二階に作ったワインバー「ル　バーラ　ヴァン　サンカンドゥ（Le Bar à Vin 52）」。店名は、そのまま〝ワインバー〟の意。五二は、経営会議でも使われている五二週、の意味。座席数は六四。成城石井を世に知らしめる、ひとつの取り組みだという。社長の原氏は語る。

「成城石井で扱っている商品をカジュアルに体験していただいて、気に入っていただけたら、お店でも買っていただきたいと考えたんです。まさに成城石井の商品を体験していただきたい、という場です」

シャンパンやワインはもちろん、オーダーしたらその場でスライスされる生ハムや、長期熟成のチーズ、キャビアやフォアグラ、トリュフなど、成城石井ならではの食材がメニューに並ぶ。素材はもちろん、調味料にも徹底的にこだわってメニュー作りが行われている。いってみれば、成城石井を体現するワインバーだ。

「商品一つひとつにストーリーがあって、生産者の顔が見える。そんな商品ばかりですから、ゆっくりお客様に説明して、味わってもらえたらと考えました」

驚くべきは、その価格。小売りと同じように高いグレードの商品も直輸入で仕入れているため、かなり安価に提供されている。

「価格に驚かれることは多いですね。これは成城石井の調達力があってこそ、できる価格設定だと考えています。それができる仕組みが、成城石井にはあるんです。本当においしいものを届けるために、この仕組みを最大限に活かせば、まだまだいろんな方法があると考えています。それを、どんどん切り開いていきたい」

ワインバーというカジュアルな形式にしたのは、原氏のこだわりがある。もっと気軽に、手軽に、カジュアルにワインや高級食材を楽しんでほしい、という思いだ。

「私自身、オーストラリアで暮らして実際に経験してきたことですが、ヨーロッパでもアメリカでも、例えばワインはごく自然に日常生活に溶け込んでいるんですね。どうもまだまだ日本では、堅苦しい感じがする。きれいな格好をして、高いワインを仰々しく飲むようなイメージがある。それを変えてみたかった」

ワインやシャンパンなどの価格設定も、そういう理由からお手頃なものにしたかったという。だが、何より特徴的なのは、提供される高級な生ハムやチーズの出し方かもしれない。

生ハムの盛り合わせを注文すると、その場でスライスされた生ハムが出てくるが、皿の上に美しく丁寧に並べられて出てくるのではない。四角い木製の板状の器で、種類ごとにざっくりと並べられているだけなのだ。

「これをぜひ、手でつまんで食べてみてほしいんです。どういうことかというと、私たちがイタリアやスペインの工場に視察に行ったとき、試食で出てくるスタイルだから。高級な生ハムがまな板の上に並べられているだけ。でも、これでいいんですよ。現地はそうなんです。実際、手でつまんで食べると、手のあたたかみで脂が溶ける。

麻布十番店の上にオープンしたワインバー「Le bar à vin 52」

目玉メニューのひとつ、厳選生ハム6種盛り合わせ

こういうことも、現地で教わるわけです。美しく盛られたお皿でナイフとフォークで食べていたのでは、わからないことなんです」

チーズの盛り合わせも、同じように木製の食器の上に種類ごとに盛られている。お世辞にも美しいとはいえないが、だからこそ、味とのギャップに驚かされる。

「チーズも、ざくざく切って食べるのが、現地流なんです。それをそのまま貫いています。日本のレストランでは、マニュアル通りのチーズの切り方があるようなんですが、そんなことは現地では誰もやっていないんです」

ヨーロッパやアメリカ、オーストラリアで現地の人たちが楽しんでいるように、食を楽しむ。それが成城石井が初めて作ったワインバーのコンセプトなのだ。

## 大失敗の門出

だが、このワインバー、当初は波乱のスタートになったらしい。自分たちのこだわりを貫きたいと、飲食の経験者を雇い入れたり、コンサルタントを使ったりを一切しなかったからだ。内装も厨房も、サービススタッフも、すべて自分たちだけで店作りを行った。結果的に、開店初日から店内はパニック状態になる。原氏は苦笑しながらいう。

「お昼に開店してランチを提供して、三時から五時まではカフェタイムだったんですが、閉めざるを得ませんでした。思うようなサービスレベルにまったく達しなかったからです」

来客者にどう心地良く座ってもらうか。席をどう配置するか。通路の幅をどうするか、さまざまに議論はした。

「でも、想像以上に大事だったのは、フロアスタッフの動線だったんです。彼らがどう動くかをきちんと議論できていなかった」

問題がわかったのは、オープンしてからだったという。料理を出したり、お皿を下げたりするのも、フロアスタッフの動線がポイントになるのだ。小さなロスが積み重なり、大きなロスにつながっていった。

「成城石井のサービスをここに持ち込めば、絶対にうまくいくと、私を含めてみんなが過信をしてしまっていたんだと思います。ファイブスターコンテストの優勝者を店長にして、彼なら大丈夫だと思っていましたが、スーパーとレストランでは、オペレーションはまったく違ったんです」

初日の午後三時に店を閉めると、原氏自らが陣頭指揮を執って、立て直しを図った。このままでは終われない。各店舗から、厨房経験者や酒類の経験者などをかき集め、一気に人数を倍にして夕方からの再オープンに備えた。しかし、それでもお店はうまく回らなかった。原氏はいう。

「どうしてなのか、と思いました。本当に大変な事態でした。ご迷惑をおかけしてしまったお客様には今でも申し訳なく思っています」

## 「成城石井のやり方でレストランを作ってみたかった」

ただ、簡単にあきらめることはしなかった。オープンの翌週は、ホテルでのサービス経験を持つ部長などを次々に投入した。しかも混雑が予想された年末は、心配した役員ら幹部が次々と店を訪れ、役員自らが、調理場やフロアに立ったという。

年が明け、オープンから約三週間して、ようやく誰が何をすればいいのか、全貌が理解できるようになったのだという。オペレーションは落ち着き始めた。

初めての飲食業。店内のオペレーションは大変な状態に陥った。しかしそれでも、外部の支援を受けることは一切しなかった。原氏はこう語る。

「成城石井のスタイルで出したかったからです。飲食の世界の人たちから見れば、とんでもない素人だったと思います。わかっているべきことが当然、わかっていなかったわけですから。でも、私は成城石井のスタッフでやりたかったんです。最初から飲食の経験者を入れたり、コンサルタントに入ってもらったら、今ある飲食店と同じになってしまうじゃないですか。そうじゃなくて、料理にしても、給仕にしても、接客にしても、ワインの提供の仕方にしても、自分たちが築き上げてきた成城石井なりのやり方があるんです。これまでと同じような店を作っても、まったく面白くもなんともない」

そもそもワインバーを計画している時点から、冷ややかな声がたくさん聞こえてきていたという。原氏は続ける。

「いわれましたね。そんなものを作っても発展しない。せいぜい東京に一〇店舗、大阪と名古屋に数店、作って終わりだろう。それ以上のニーズがないだろう、と。本業に専念しろ、という声も聞こえてきていました。でも、そういうことじゃないと思うんです。新しいチャレンジを、やっぱりしたいじゃないですか。成城石井にも、飲食店をやってみたい、という社員はたくさんいるんです。そういう従業員たちに、チャンスを作ってあげたかった」

スーパーが経営するワインバー。実はこれは、世界に出てみれば、意外なものでも何でもないという。

「アメリカでは、スーパーの中にワインバーが併設されている、というのもよくあることなんですね。日本はカフェが多いですし、海外から入ってきても業態が変わってきてしまっていますが、世界に出れば、いろいろなものを店内で販売しながら展開しているワインバーはたくさんある。むしろ私は、スーパーには、まだまだいろんなことができる可能性が詰まっていると思っています」

ル バーラ ヴァン サンカンドゥは、当初の混乱は嘘のように今や落ち着いた店になっている。味と価格は、そもそも極めて魅力的だ。すでに予約が取りにくい繁盛店になり、早い時間から若い女性などで賑わっている。

飲食店としての価格の安さは驚かれているが、ビジネスとして十分に成立しているという。成城石井の〝仕組み〟が、それを可能にしているのだ。原氏はいう。

「新しいことに挑めば失敗もします。でも、うまくいかなければ、リプランして、また挑めばいい。それだけのことです」

## 社長はお客様相談室の声を毎日、必ず確認する

新しい挑戦の一方で、毎日基本に立ち返る。それが成城石井のスタイルだ。原氏はこう語る。

「お客様に接して、お客様にニーズを確認して、自分たちがそれに合わせて商品を展開していく。お客様に喜んでいただけるような店作りや接客サービスをしていく。こ

の繰り返ししかないんです。お客様に喜んでもらわなかったら、商売は成り立たないと思っていますから」

　これがずれたらすべてダメになる。そう語る原氏は、経営者である今も毎日、顧客の声に耳を傾ける。「お客様相談室」に寄せられた声も毎日、必ず確認するという。

「毎日五時になると、お客様相談室からその日の声の集計がまとめられるんです。それが、一〇分後には私のもとに入ってくるようになっています」

　それ以外にも、時間さえあれば、積極的に原氏自らが店舗を巡っている。気になる点があれば、具体的な指摘をする。しかし、現場の従業員や店長にはいわない。エリアマネージャーを叱るという。

「まだまだお客様目線が足りない。スーパーは奥が深いんですよ。そして忙しい店ほど、それが難しくなる。例えば、見込み客以上に客数が多いと、店内入り口のカゴがなくなってしまったりするんです」

　レジ前でお待たせしないようにする、というのは成城石井の基本。そうすると、レジには意識が向かう。レジに一生懸命になるが、そこに溜まっていくカゴにはそうそう意識は向かないという。店内を見渡すと、カゴがないから顧客が手に商品を持っている。だが、店内の従業員は次々になくなっていく商品の品出しに夢中になって、そのことに気づかない。

小売業は、やるべきことが本当に山のようにあるのだ。そしてそんな小さな一つひとつが、信頼を、そして売上を作っている。

## すべては「お客様を信頼」しなければできない

小売業の世界に入って二四年。成城石井の社長を委ねられて三年。原氏は、小売業の醍醐味をどんなふうに認識しているのだろう。

「世の中の変化のスピードは本当に速いんですね。だから小売業は、変化対応業だと思っています。このスピードにどんどん対応していくことができないと、難しい。しかも、小売業は天候やイベントなど、売上に関わる要素が多い。明日晴れたらどうしよう、寒くなるから何をするか、ひな祭りだからどうしよう。毎日自分たちが考えて、取り組みを進めていかないといけない。逆にいえば、自分たちの創意工夫がすべて活かされる仕事だと思っています」

そして、こうした組み立ては、売り場が担っている。本部からの指示待ちでは絶対にできない。なぜなら本部は、すべてのエリアの天候や状況をすべて把握できないからだ。

「一店舗ずつ指示していたのでは、とても追いつきません。やはり担当者自身が考えて、自分たちで売り場を作って、トライ&エラーを繰り返しながら続けていく。それをするしかないと思っているんです」

しかも成城石井の場合、そこに独自の品揃えであり、商品のストーリーが加わってくる。より細やかで複雑で、難しいものになるのだ。

「成城石井は、その難しいところにチャレンジをしていくんです。そこが自分たちの存在意義だと思っています。簡単なことにチャレンジしても、お客様の期待に応えることはできませんから」

自身、社長になって、今のような仕事をしていることは、予想もしていなかったという。

「実家の八百屋でもやろうかな、と思っていました。でも、やっぱり成城石井で仕事をしてみて思うことは、こんなにも小売業というのは楽しいんだな、ということです。ただ、それは成城石井に入って一年経っても二年経っても、まだ気づけませんでした。それなりに楽しさはありましたが、後にわかった楽しさは、そんなものではなかった」

三年経っても、四年経っても、自分がやっていたこと、商品の知識は今から振り返ってみると、まったく浅いものだったと思っているという。

「食の世界は、勉強すればするほど、本当の深みが理解できるんです。そして理解すればするほど、商品の良さがわかる。そして会社の良さもわかるんですね。その意味では、私は今でも勉強し続けていると思っています。もっといえば、いつまで経ってもゴールまで行かないとも思っています。それくらい、奥深いし、わかればわかるほど楽しい世界なんです」

そして、自分の起こしたアクションに対して、すぐに結果が出ることも魅力だという。

「即ですね。このスピード感は他になかなかないと思います。小売業で店頭に立っていると、一、二時間で答えは出てしまいますから。厳しいです。でも、だからこそ、うまくいったときの快感は大きいんです」

そのプロセスで、顧客との信頼関係が生まれる。成城石井は、顧客から信頼されなければならないが、実は成城石井も、顧客を信頼している、と原氏は語る。

「お客様のことを信頼していないと、商売はできないと私は思っています。自分たちの片想いでもいけないし、お客様からの思いだけでもできない。その両方を吸い上げて、ひとつの形にしていくところが、小売業の難しさであり、面白さなんです」

そのために、小売りの最前線では大変な努力が推し進められている。それが今回、本当によくわかった。

「また新しい動きがどんどん出てきます。挑戦をしていきます。これが何年後に花開くのか、そのために何ができるのか、また考え続けるわけです。その意味では、日々、成長し続けないといけない。そういう仕事です」

成城石井は、今日も変わり続けている。顧客が求めているものを探し続けて。

# おわりに

二〇〇三年に成城の地に引っ越してきたとき、まさか成城石井についての本を書くことになるなど、まったく予想もしていなかった。だが、さまざまなご縁が重なって、今回、取材と執筆を担当させていただくことができた。

ありがたいことに、これまで三〇〇〇人以上の成功者たちにインタビューをしてきた経験から、私は仕事というものについて、ひとつの考えを持つに至っていた。

「誰かの役に立つことを仕事という」

それが本来の姿である。ところが、その本来の目的を、仕事は逸脱してしまうことがある。会社のためや上司のため、自分のために仕事をしてしまったり。

そうなると、いい仕事はできない。結果もついてこない。ついてきたとしても、大きなものにはならない。継続できるものにもならない。

本来の仕事の目的は、誰か=顧客の役に立つことにある。もっといえば、広く社会の役に立つことだ。報酬を払ってくれる人であり、仕事を受け入れてくれる人に対して、正しい仕事ができるか。それこそが重要だということを、私は多くの成功者に取材で教わった。

顧客に高い支持を得ている成城石井の方々にインタビューをしていて感じたの

は、この本来の目的がまさに貫徹されている、ということだった。「誰かの役に立つ」を貫き通して、成城石井はこれまで成長を勝ち取ってきたのだ。

　IT化も伴い、ビジネスはますます複雑化している。ともすれば、この「誰か」はますます見えにくくなっている。ところが成城石井は、今も愚直に、不器用に、この「誰か」を追求し続けている。驚くほどの、こだわりで。

　ビジネスをしている人は、誰でも成功したい、事業を伸ばしたいと思っている。しかし、ただ思っているだけでは、うまくはいかない。うまくいっている人は、想像をはるかに超えたレベルで、思いを持ち、それを行動に落とし込んでいるのだ。だから、インタビューを受けて、語れることがある。今回もそのことがよくわかった。

　誰かに語れるほどの思いやこだわりがあるかどうか。人が驚くほどのものになっているかどうか。成功するためには、それこそが問われるのだ。うまくいくには、きちんとそれなりの理由が必要なのである。

　これは、あらゆる事業について、いえることだと思う。私自身、今回はとてもいい勉強をさせていただいた。

最後になったが、本書の企画をご提案くださった、あさ出版の吉田伸氏に改めて感謝申し上げたい。私が持っていたのと同じような興味を、吉田氏はお持ちだった。取材中にも、私とは異なる角度から、鋭い質問をしていただいた。

また、本書の制作にあたり、成城石井の皆様には本当にお世話になった。貴重なお時間を使い、長時間の取材にお答えいただいた原昭彦社長、コーポレートコミュニケーション室長の五十嵐隆氏、広報課課長の前川康子氏はじめ、取材をさせていただいた方々、見学させていただいた店舗にもこの場を借りて、感謝を申し上げたい。

成城石井を古くから知る顧客の方に、また流通業界の方には、釈迦に説法もたくさんあったかもしれない。ほんのわずかでも、まだ知らなかった成城石井をお見せすることができたなら、大変幸いである。

また、まったく異業界の方に、少しでも刺激と学びを与えられたなら、大変幸いに思う。

二〇一四年三月　上阪　徹

**著者紹介**

## 上阪 徹（うえさか・とおる）

1966年、兵庫県生まれ。89年、早稲田大学商学部卒。アパレルメーカーのワールド、リクルート・グループを経て、95年よりフリーランスのライターとして独立。雑誌や書籍などで執筆。経営、経済、金融、ベンチャー、就職などの最前線のビジネス現場から、トップランナーたちの仕事論をわかりやすく伝えるインタビュー、執筆を得意とする。取材相手は3000人を超える。著書に、『僕がグーグルで成長できた理由』（日本経済新聞出版社）、『職業、ブックライター。毎月1冊10万字書く私の方法』（講談社）、『成功者3000人の言葉　人生をひらく99の基本』（飛鳥新社）、『リブセンス＜生きる意味＞』（日経BP社）など。
インタビュー集に『プロ論。』シリーズ（B-ing編集部編　徳間書店）、『外資系トップの仕事力』シリーズ（ISSコンサルティング編　ダイヤモンド社）他多数。

写真：織田桂子
フードスタイリング：松崎沙織
撮影会場：さろん木々


成城《せいじょう》石井《いしい》はなぜ安《やす》くないのに選《えら》ばれるのか？　〈検印省略〉

2014年　6　月　29　日　第　1　刷発行
2014年　7　月　14　日　第　2　刷発行

著　者――上阪　徹（うえさか・とおる）
発行者――佐藤　和夫

発行所――株式会社あさ出版
〒171-0022　東京都豊島区南池袋2-9-9 第一池袋ホワイトビル 6F
電　話　03 (3983) 3225（販売）
　　　　03 (3983) 3227（編集）
F A X　03 (3983) 3226
U R L　http://www.asa21.com/
E-mail　info@asa21.com
振　替　00160-1-720619

印刷・製本　（株）光邦
乱丁本・落丁本はお取替え致します。

facebook　http://www.facebook.com/asapublishing
twitter　http://twitter.com/asapublishing



©Toru Uesaka 2014 Printed in Japan


ISBN978-4-86063-699-9 C2034